DONNER L'ENVIE D'APPRENDRE

ALAIN SOTTO ET VARINIA OBERTO

DONNER L'ENVIE D'APPRENDRE

IXELLES ÉDITIONS

Cet ouvrage poursuit un travail commencé avec *Dénouer l'échec scolaire* (Desclée de Brouwer, 2004), qui présentait vingt-cinq ans de consultations – pédagogiques et psychologiques – avec des enfants en difficulté, et *Aidez votre enfant à réussir* (Hachette Éducation, 2006), centré sur les méthodes efficaces et utiles tout au long de la scolarité.

Retrouvez les auteurs sur : www.cancres.com

ISBN : 978-2-253-18780-6 – 1re publication LGF

PRÉFACE

Qu'est-ce qu'être parents ? La plupart évoquent une mission : aider l'enfant à grandir, le guider, en faire un adulte responsable et heureux.

Mais comment y parvenir ? Il n'existe pas un modèle de parent idéal, il n'y a pas d'éducation parfaite. Pour les parents, il est question d'amour. Il est aussi question d'amener l'enfant à l'autonomie et à l'indépendance. Ils le disent, tous. Dans ces propos qui reviennent comme des leitmotive, le maître mot est l'école. Faire en sorte que l'enfant fasse de bonnes études, qu'il obtienne un diplôme protecteur et qu'il trouve sa voie.

Que peuvent faire les parents ? L'école ne pouvant assumer seule la mission éducative, ils ont un rôle essentiel à jouer. Ils sont des interlocuteurs, des accompagnateurs et des modèles qui, devant l'exigence de la tâche, se retrouvent parfois démunis. **Une chose est sûre pourtant : dans leur grande majorité, les enfants qui réussissent à l'école sont aidés à la maison.** Accompagner un enfant, c'est lui permettre d'avoir suffisamment de confiance en soi pour oser se tromper et réfléchir, c'est promouvoir le plaisir et l'intérêt des apprentissages afin que lui vienne le goût de l'effort.

Accompagner un enfant, c'est l'aider à tisser des liens entre ce qu'il apprend à l'école et ce qu'il découvre dans la vie quotidienne pour donner un sens à tout ce savoir.

Les parents sont des interlocuteurs. Curieux de ce que l'enfant exprime, ils l'aident à trouver des réponses à ses interrogations. Ils sont à même de le soutenir face à ses incertitudes ou à ses découragements. Quand ils écoutent l'élève, ils entendent aussi la personne.

Ils sont des accompagnateurs qui donnent les moyens de réussir à l'école. Un enfant n'apprend pas tout seul à être un bon élève. Les parents font donc en sorte qu'il utilise des stratégies, acquière les méthodes nécessaires pour réussir sans trop peiner.

Ils sont des modèles parce que la meilleure façon d'enseigner est l'exemple. Ils transmettent l'enthousiasme à faire bien ce que l'on fait. Ils enseignent la curiosité, le plaisir de la découverte. **Tous les parents qui le veulent peuvent donner l'envie d'apprendre**. Mais comment, se demandent-ils, faire bien ce à quoi ils n'ont pas été formés ?

Si cet ouvrage peut les aider à trouver le bon rythme pour accompagner l'enfant au primaire puis au secondaire, pendant ces années où leur présence est déterminante, notre travail n'aura pas été vain.

Ce volume a été rédigé à partir de compétences acquises sur le terrain : plus de vingt-cinq ans d'expérience avec des enfants doués ou d'autres en difficulté scolaire, vingt-cinq ans de dialogue avec leurs parents.

PRÉFACE

Interlocuteurs, accompagnateurs et modèles tout au long de la scolarité, les parents sont présents aux côtés de l'enfant, dans cette aventure de l'apprentissage, pour qu'il soit, davantage qu'un bon élève, un enfant heureux d'apprendre.

Varinia OBERTO et Alain SOTTO

NOTE CONCERNANT LA 2e ÉDITION

À la sortie de la première édition de cet ouvrage, nous avons reçu de nombreux commentaires de parents intéressés et concernés par les conseils qu'ils y avaient trouvés. Beaucoup d'entre eux ont également manifesté leur inquiétude au sujet de ce qu'ils lisaient dans la presse, de ce qu'ils entendaient dire à propos de l'école. Piètres performances des élèves évalués au niveau mondial, ennui et violence dans les classes, difficultés des enfants à être attentifs, perte de curiosité, désintérêt pour ce qui leur est enseigné. Les parents nous disaient avoir du mal à prendre du recul par rapport à la masse d'informations qui leur parvenait. L'école allait-elle aussi mal ?

Si dans notre travail, nous nous sommes concentrés sur la vie mentale de l'élève en construction, nous avons en parallèle tenté des expériences éducationnelles avec des groupes d'enfants, et suivi de près ce qu'il se passe au sein de l'école traditionnelle et des écoles dites ouvertes. Nous avons suivi, analysé les innovations pédagogiques, qu'elles soient conduites par nos enseignants ou dans les pays étrangers. C'est ainsi que s'est imposée à nous la nécessité d'ajouter à cet ouvrage deux nouveaux chapitres qui traiteraient du plaisir et de l'ennui à l'école, et des différents modes d'apprentissage. Donner à voir des approches positives, à travers des pédagogies, des méthodes, des tentatives isolées mais qui se rejoignent. Des approches qui tentent de contrer l'ennui, de rendre l'élève présent à son apprentissage, et, pour certaines, qui s'adressent non seulement à l'élève mais aussi à l'enfant. Il nous a semblé qu'au-delà d'une clarification du sujet, les parents devraient trouver dans la richesse de ces apports, des idées, des conceptions utiles dans leur manière d'amener leur enfant au savoir.

1

DU DÉSIR DE SAVOIR À LA MOTIVATION

Un lien très fort avec le plaisir

Du désir de savoir à la décision d'apprendre, le chemin est complexe.

L'enfant est naturellement curieux et avide de nouvelles connaissances. Cela transparaît dans sa prime enfance et à l'école maternelle, où les contraintes, assorties de chants, de contes, de créativité, d'un minimum de liberté de mouvements, ne viennent pas contrarier le désir de sa propre construction. Au primaire, il poursuit sa route vers le savoir s'il est dans un environnement sécurisant, si maîtres et parents l'aident à développer une saine estime de lui-même et à gagner son autonomie ; au secondaire, s'il trouve un sens à ce qu'on lui enseigne. Alors naît la motivation.

Mais qu'est-ce que la motivation chez un élève ? C'est ce qui conditionne le déclenchement, l'intensité et la persistance du désir d'apprendre.

La motivation vient de l'intérieur de soi. Elle existe quand on se projette dans un avenir de réussite.

La motivation chez le jeune enfant est principalement déterminée par l'importance accordée aux autres : « Je veux faire plaisir à mes parents et qu'ils m'aiment ; je veux leur ressembler ; je veux faire plaisir à mon maître ; je ne veux pas être nul aux yeux des copains ; je veux une récompense (bonne note, félicitations). »

Mais, parfois, ces sources se doublent d'une motivation personnelle. Il est important qu'il en soit ainsi pour l'adolescent, moins dans un désir de séduction des adultes : il s'implique dans un apprentissage pour le seul intérêt qu'il y trouve. Nombreux sont ceux qui, travaillant « pour » leurs parents, découvrent soudain le plaisir de l'effort qui aboutit, ou trouvent de l'intérêt aux leçons d'histoire ou aux fractions. **On aime ce que l'on réussit.**

La motivation, synonyme de plaisir

Quand un enfant est motivé, impliqué totalement dans une activité, il ressent bien-être et plaisir. Il n'y a qu'à le regarder, plongé dans un jeu vidéo. Absorbé, il ne sent pas le temps qui passe, ne pense plus à ce qui le préoccupait quelques instants auparavant, est absent à ce qui l'entoure. Il a le sentiment d'être maître de son action.

> **Le saviez-vous ?**
> Travailler avec son enfant, ce n'est pas être dans l'explication des devoirs et leur contrôle, c'est partager avec lui le plaisir, l'intérêt que l'on trouve à un savoir.

Certains jeux sont complexes, demandent de la réflexion ; pourtant jamais l'effort n'est ressenti par lui comme quelque chose de pénible. Il se fixe des buts à atteindre et pour cela il agit, attentif à ce qu'il fait. Il recommence une action, l'analyse. Il progresse en se servant de ses erreurs.

Question de parents

Peut-on inciter un enfant à apprendre pour lui-même ?

« Si j'ai un 15 en français, mes parents ont promis de m'acheter un VTT. » Jérémie, 12 ans
« Je n'ai pas besoin d'apprendre, la maîtresse ne m'interroge jamais. » Adrien, 9 ans
« Papa est content quand j'ai un "très bien". » Nicolas, 7 ans

Ce que disent ces enfants est que, au début de la scolarité, la motivation repose le plus souvent sur le besoin de faire plaisir, d'être aimé. L'apprentissage plonge ses racines dans les relations affectives. Après la résolution de l'Œdipe, après sept, huit ans, cette motivation peut devenir plus raisonnable, plus logique. L'enfant alors fait le choix d'étudier. Mais jusqu'à l'entrée au secondaire, le plus souvent, il exprime son désir d'apprendre en se conformant à celui de ses parents et de ses maîtres.
Très tôt, on peut l'aider à couper le cordon, en valorisant moins ses notes que le travail, les progrès accomplis.
Au lieu de lui répéter que c'est pour lui qu'il travaille, il faut plutôt lui faire prendre conscience du plaisir qu'il a obtenu à franchir un obstacle, mettre en valeur l'effort qu'il a déployé pour faire moins de fautes dans ses dernières dictées. Efforts, constance sont à saluer, ainsi que les victoires sur ses petites faiblesses : lenteur à se mettre au travail, devoirs faits à la dernière minute.

Cette motivation, il peut la retrouver dans toute activité intellectuelle, encore faut-il qu'il puisse la réussir et qu'elle requière certaines compétences.

Chaque fois que l'enfant vit ce genre d'expérience, qu'il est concentré, absorbé par la tâche avec le sentiment non d'avoir subi son action mais d'en avoir été maître, chaque fois qu'il a atteint son but après un effort ressenti comme gratifiant, vécu même avec fierté, il en ressort avec un **sentiment de soi renforcé**.

La difficulté est nécessaire pour qu'une activité présente un attrait. Un succès facile, non mérité en quelque sorte, est de peu d'intérêt. Cela, l'enfant le ressent. Une activité qui demande du temps, un effort, un dépassement de soi, le motive, le valorise à ses propres yeux. Mais attention, la difficulté doit pouvoir être surmontée.

Question de parents

Peut-on inciter un enfant à trouver du sens à ce qu'il apprend ?

« Pourquoi on me force à aller à l'école ? Je n'ai pas envie. On ne fait pas des choses intéressantes. » Lula, 8 ans
« À quoi ça sert les tables de multiplication ? Moi, j'ai une calculette ! » Igor, 9 ans
« L'école, c'est pas mal. Mais j'aimerais savoir à quoi va me servir tout ce que j'apprends. » Ida, 13 ans

Quel est le sens de l'apprentissage ? C'est ce que demandent à leur façon ces enfants.
Pourquoi faire effort si l'on ne sait pas pour quoi ?
« Pourquoi ? À quoi ça sert ? » sont des questions récurrentes tout au long de la scolarité.
Apprendre est un investissement à long terme qui ne produit pas ses fruits tout de suite. Accumuler des connaissances permet dans le temps de construire un savoir, lequel est indispensable pour agir dans le monde. L'enfant a du

mal à comprendre comment toutes les informations qu'il accumule au fil des cours peuvent un jour se relier entre elles et lui être utiles.
S'il ne trouve pas de sens au présent dans le parcours de sa scolarité, il faut l'aider à se donner des buts à court terme, qui lui apportent du plaisir par la gratification de réussites, quelles qu'elles soient.
De plus, il ne faut pas oublier qu'en éducation, l'exemple est le meilleur des enseignements. L'enfant est plus enclin à trouver du sens dans ses apprentissages s'il sent que ses parents en mettent dans leurs actions quotidiennes, dans leur travail. À l'adolescence, il ne sera pas forcément moins révolté, mais sera moins en refus douloureux, moins perdu.

Au-delà d'un certain seuil, elle lui donne un sentiment d'incompétence et il se laisse aller au découragement.

D'où l'importance de doser les exercices, qu'ils ne soient ni trop faciles ni trop difficiles. Que l'enfant puisse en tirer un enseignement, ce que ne pourrait lui apporter un exercice, simple clone d'un exercice fait et refait en classe. Qu'il ne soit pas non plus abandonné, seul devant une tâche trop éloignée de ses possibilités.

Tout consiste à toucher juste.

Le désir de l'enfant, le désir des parents

L'accompagnement de l'enfant et la confiance qu'on a en lui sont essentiels à son épanouissement intellectuel.

Psycho

Ne pas dire... mais dire

Ne pas dire « Tu travailles pour toi, pas pour moi », l'enfant pouvant vivre cela comme un désintérêt.
Ne pas dire non plus « Travaille pour me faire plaisir », qui a toutes les chances de générer un chantage affectif.
Dire : « Si tu travailles, tu as toutes les chances de réussir, et tu en seras heureux. Et moi, je serai fier de toi et heureux de t'avoir aidé. »

Dans les premières années de sa vie, les parents, tout naturellement, sont médiateurs de son désir. Au fil des apprentissages, ils le laissent expérimenter et en tirer des enseignements, ils l'encouragent. L'enfant prend conscience de lui-même, de ses réalisations. Il gagne en autonomie.

Confronté à lui-même, il apprend à se connaître, à se reconnaître : émerge ainsi son désir d'apprendre.

Couper le cordon ombilical lui donne accès à une pensée indépendante. Il pense seul, fait seul, réfléchit, expérimente, poussé par un désir singulier, le sien.

Malheureusement, le désir de certains enfants ne peut se dissocier de celui des parents. S'ils ont un statut souvent confortable tant qu'ils sont petits, cela devient infiniment plus difficile à l'adolescence. **Ils travaillent pour faire plaisir** à leurs parents ou ne pas subir leurs reproches, et ce qui leur paraît normal au primaire devient une plainte, un reproche plus tard, quand ils sont au secondaire. Ils perdent toute motivation à travailler. D'où l'importance de les aider très tôt à se découvrir capables de penser avec plaisir, à apprendre pour eux, pour se construire.

Attitudes positives des parents :

- Encourager l'affirmation personnelle de l'enfant.
- L'aider à assumer ses choix.
- Le laisser expérimenter à sa façon.

L'estime de soi

L'estime de soi d'un enfant dépend en grande partie du regard que portent ses parents sur lui.

Il a besoin de savoir qu'il est important pour eux, qu'il est digne de leur amour, et ce quels que soient ses résultats scolaires. Il a besoin de se sentir en sécurité, il est alors moins susceptible d'avoir peur des échecs, plus enclin à essayer de nouvelles choses. Un environnement stable sur lequel il peut compter, des règles et des limites claires, l'intérêt des parents à ce qu'il ressent, à ce qu'il croit, lui donnent confiance en sa capacité à être aimé, confiance en ses compétences et en ses qualités.

Astuce
Regards et sourires en disent souvent bien plus que de longs discours.

L'estime de soi n'est pas acquise définitivement, et il suffit d'échecs répétés – dans l'apprentissage de la lecture, par exemple –, ou d'une simple réflexion d'un enseignant pour la remettre en cause. Mais, à l'inverse, l'estime de soi est « réparable ». On peut l'améliorer par une attitude bienveillante et positive ; par la valorisation des talents, des particularités qui font l'identité de l'enfant.

Le saviez-vous ?
Ce sont les actions réussies qui changent l'image de soi et non de simples encouragements tels que « Tu vas y arriver ».

Une estime de soi défaillante se révèle par le renoncement trop rapide dans les apprentissages à l'école et l'abandon des activités extrascolaires, par des provocations fréquentes ou des oppositions. Ou encore par le déni : là, c'est l'enfant qui dit savoir mais qui ne sait pas.

Est-ce vrai ?

On dit : « Si on veut, on peut. »

Oui et non. Combien d'enfants ont l'impression sincère de vouloir et pourtant ne peuvent pas. Disons que cet axiome est réducteur, la volonté offrant un large éventail qui va du simple désir à la volonté venue du plus profond. Et seule celle-là, épaulée par maints facteurs, donne accès à la motivation.

Attitudes positives des parents :

- Apprendre à l'enfant à être fier de ses réussites.
- Lui rappeler régulièrement ses forces, ses atouts.
- L'écouter en manifestant un intérêt sincère.

La confiance en ses capacités

La confiance en ses capacités joue un rôle dans la motivation et les résultats d'une activité. Cette confiance peut évidemment varier d'une matière à l'autre. Ainsi, un élève qui se sent compétent en français a plaisir à faire une analyse de texte qui présente des difficultés, il met de l'ordre dans les propositions subordonnées qu'il est en train d'étudier (relatives, complétives, circonstancielles), et cherche à identifier leurs différences. Il gère son temps de travail et persévère quand il rencontre un obstacle. Il domine assez bien l'anxiété des contrôles. Ses résultats en français le reflètent. Ils sont bons. Mais si ce même élève manque de confiance en maths, il se désintéresse du cours, travaille de façon superficielle. Ses résultats sont médiocres. Le fait de se désinvestir lui permet de garder une bonne estime de soi : ce n'est nullement parce qu'il n'a pas les capacités qu'il échoue, mais par manque d'intérêt.

Il existe une relation bien réelle entre confiance et performance. La confiance en ses capacités dépend des succès et des échecs. Ce n'est pas le résultat en tant que tel qui importe mais l'interprétation qu'on en tire. Si notre élève considère que sa réussite dans un exercice de maths est due au fait que le professeur a été « cool » avec lui et lui a donné à faire au tableau des produits de nombres relatifs trop faciles, cette réussite ne renforce pas sa confiance en lui. S'il a appris sa leçon d'histoire et échoue le lendemain à répondre aux questions, la confiance qu'il a en ses capacités est entamée.

Attitudes positives des parents :

- Aider l'enfant à avoir de petites réussites dans les matières où il manque de confiance.
- Lui apprendre à se dégager de ses croyances négatives.
- Lui proposer des défis à sa mesure.

Comment le motiver ?

L'enfant ne fait pas d'effort, ne s'intéresse pas à son travail. Comment le motiver ? Cette question exprime sans doute la préoccupation essentielle des parents. Elle est aussi celle à laquelle il est le plus difficile de répondre parce que la motivation dépend de nombreux facteurs : estime de soi, confiance en ses capacités mais aussi croyances, valeur attribuée à l'activité et sentiment d'exercer un contrôle sur elle, objectif/but, besoins, choix, préférences, projection de soi dans l'avenir.

Est-ce vrai ?

On dit : « La motivation relève de l'identité scolaire de l'enfant. »

Oui, elle dépend pour une grande part de la connaissance de soi, avec ses capacités et ses points faibles. Une identité acquise dans son parcours, où erreurs et réussites alternent.
Mais réduire un enfant à ses facilités ou difficultés scolaires serait le réduire à une identité très éloignée du réel puisqu'il n'existe pas dans la vie de parcours linéaire de réussite ou d'échec.

La motivation n'est jamais déclenchée par une injonction extérieure. On ne peut tabler sur le rationnel. L'enfant étant plus sensible aux intentions qu'aux discours, il ne faut pas espérer le motiver en lui donnant des arguments logiques pour lui faire comprendre l'importance d'apprendre ses tables de multiplication. Pourtant le rôle de l'enseignant et celui des parents sont déterminants. Un regard positif, un mot valorisant une réussite remarquée, même minime (après des efforts, l'enfant sait que 7 × 7 = 49 et non 48), peuvent mener à une autre réussite (la mémorisation de la table de 7) et le mettre en confiance pour retenir les tables qui le font tant souffrir.

Mais si la motivation dépend de l'enfant, des moteurs extérieurs sont nécessaires pour l'enclencher, tels l'intérêt ou la nécessité. L'apprentissage doit avoir un sens, être nouveau et assez attractif pour susciter son élan. « Avoir un sens » veut dire que l'enfant ressent l'utilité de ce qu'il apprend, ou encore qu'il est touché profondément. Cela doit répondre à une interrogation intérieure, le valoriser et l'aider à se construire. Ayant conscience de l'utilité de ce savoir, l'enfant se rend alors disponible, il peut s'investir, faire effort pour mémoriser, comprendre, réfléchir. L'intériorisation d'une connaissance est possible si naît au fond de lui l'intention de s'approprier ce qu'on lui donne à apprendre.

> **Le saviez-vous ?**
> On est motivé quand on sait comment s'y prendre pour réussir une tâche.

Attitudes positives des parents :

- Être au clair avec soi-même pour éviter de projeter ses angoisses sur l'enfant.
- Montrer l'exemple : plaisir à découvrir, plaisir à faire effort, plaisir à réussir.
- Accompagner l'enfant en le sécurisant, le stimulant, le valorisant.

Projet de vie

L'enfant s'investit à l'école s'il a un **projet personnel pour donner un sens à ce qu'il apprend**. Ce n'est pas celui de l'élève mais celui de l'enfant qui projette vers l'avenir une image positive de lui-même.

Psycho

Lièvre ou tortue

Chacun avance à sa façon dans sa construction intellectuelle. À chacun son rythme, son parcours. Aussi fait-on une erreur en comparant des frères, en opposant un frère à sa sœur plus brillante. On valorise ce qui fait leur identité propre, leurs ressentis, leurs curiosités, leurs talents particuliers, et pas forcément scolaires.

On s'intéresse aux progrès qu'ils font par rapport à leur propre désir et au rythme qui est le leur, des progrès que l'on ne peut comparer à ceux des autres.

Ce projet, c'est dès la naissance qu'il a été initié par les parents. S'ils ont accueilli l'enfant dans la lignée familiale et avancent dans la vie sans angoisse, avec curiosité et désir, ils lui donnent un élan positif. Privé de cet élan, l'enfant ne peut trouver une motivation au travail scolaire qui demande des efforts, des contraintes, parfois des souffrances. Le savoir ne trouve aucune résonance en lui.

C'est la sécurité affective qui permet d'avancer. Pour prendre forme, le **projet de vie** doit être porté, soutenu par les parents. Un enfant se tend vers son avenir s'il se sent accompagné intérieurement, s'il est en sécurité dans le présent.

Attitudes positives des parents :

- Faire confiance à la vie.
- Respecter l'enfant.
- Prendre appui sur le présent pour ouvrir l'avenir.

La vie émotionnelle

La mémoire enregistre tout le vécu et le répertorie en situations qui ont amené du plaisir – donc à reproduire –, et en situations qui ont procuré du déplaisir, voire de la souffrance – donc à éviter.

La mémoire signale en permanence à l'élève si la situation présente (une dictée, un contrôle de maths) ressemble de près ou de loin à une situation passée.

Psycho

Exprimer les peurs

Lorsque l'enfant a peur pendant un contrôle, lorsqu'il est stressé par un devoir de maths qui le met en difficulté, son corps réagit à ces émotions négatives (son cœur bat plus vite) et le cerveau en est aussitôt informé. La perception des émotions accapare le cerveau qui tourne alors au ralenti, et toute réflexion devient difficile.

D'où l'importance d'aider l'enfant à vaincre ses peurs : les lui faire exprimer verbalement, parler de la note qui est moins importante que le sérieux de son travail, dissocier amour filial et résultat scolaire.

Lorsque la peur et le stress disparaissent, les signaux émanant du corps deviennent positifs, la vie mentale reprend un cours normal et l'enfant peut à nouveau imaginer, mémoriser, comprendre et réfléchir.

Le plaisir

Quand un élève réussit en classe, il ressent du plaisir à travailler, à être gratifié par des encouragements, des félicitations. Il a envie de reproduire ce qu'il a vécu pour être à nouveau récompensé. Il est motivé, s'implique dans l'apprentissage. Et les expériences positives se succèdent, avec toujours le plaisir et la gratification. L'élève est sérieux, il est heureux d'aller à l'école, de faire ses devoirs, d'apprendre ses leçons.

> **Le saviez-vous ?**
> La communication est la clé du bon équilibre de l'enfant et de son intégration scolaire : parler avec l'enfant de ce qui l'intéresse ou le préoccupe.
> Parler sans avoir en permanence un objectif scolaire.

L'élève s'est installé dans un système où le travail scolaire lui amène du plaisir, donc à reproduire.

Le déplaisir, la souffrance

Un autre élève, confronté à des difficultés, frustré par des résultats décevants, se trouve plongé chaque jour dans des situations inconfortables, parfois même douloureuses. Aucune gratification n'est à espérer. Trois possibilités s'offrent à lui.

- L'une d'elles est **la fuite**, premier réflexe de protection. L'élève ne trouve plus d'intérêt à ce qu'on lui enseigne, il se désinvestit, perd pied, finit par abandonner : il devient doux rêveur ou cancre. Il se protège en contournant les situations, se maintient ainsi en équilibre psychologique.

- Quand la fuite n'est pas possible, l'élève choisit **l'agressivité** pour échapper à la pression, à la tension émotionnelle qu'elle génère. L'attitude des enseignants et des parents ne lui permet pas de s'isoler dans sa bulle. Alors il se retourne contre eux. C'est l'impossibilité où il est mis de fuir qui déclenche son agressivité. Ce comportement d'attaque est en fait une défense contre ceux qu'il ressent comme lui étant hostiles. Il défie ses parents, il provoque ses professeurs qui le disent indiscipliné et impertinent. Il entre en conflit avec des camarades, peut même faire acte de violence.
- Une autre voie s'offre à lui : s'enfermer dans **un état d'impuissance**. Souvent parce qu'il a été empêché de fuir ou de se réfugier dans l'agressivité. Les reproches des parents, des enseignants ont eu raison de lui. Il s'est résigné. Il ne participe pas vraiment en classe et, en dehors de l'école, ne montre pas de curiosité intellectuelle. Il souffre d'affections psychosomatiques, d'insomnies dues à l'angoisse. Il subit (voir les travaux d'Henri Laborit).

Attitudes positives des parents :

- Apprendre à l'enfant à s'adapter aux situations difficiles, à n'en pas souffrir outre mesure.
- Communiquer, parler, écouter.
- Générer du plaisir par des messages d'estime.

Élève motivé, élève démotivé

L'élève motivé ressent l'importance et l'intérêt des activités qui lui sont proposées. Il pense pouvoir les mener jusqu'au bout, et ce ne sont pas tant ses capacités réelles qui importent que celles qu'il croit avoir. Il s'implique, fait un travail en profondeur. Il réfléchit à ce qu'il fait. Il comprend ses leçons, s'interroge sur ses devoirs, s'arrête sur ses erreurs, les analyse.

L'élève démotivé utilise des stratégies qui ne l'impliquent pas. Il se limite à la mémorisation et à un travail qui ne passe pas par la réflexion : lire plusieurs fois la leçon de géographie, l'apprendre par cœur, recopier l'autodictée sans analyser l'orthographe des accords. Il n'est pas vraiment à ce qu'il fait. D'où des difficultés, qui l'amènent à dévaloriser l'activité où il échoue et lui renvoient une mauvaise image de lui-même : il ne se croit pas capable d'apprendre, d'être dans la réussite, toutes choses qui participent un peu plus à sa démotivation. Il est enfermé dans un cercle vicieux.

Les réussites au service de la motivation

Le manque de motivation est le plus souvent l'expression d'un découragement faisant suite à de longues journées qui se répètent, semaine après semaine, mois après mois, pendant lesquels un enfant se trouve en difficulté alors que ses camarades semblent à l'aise dans l'apprentissage.

Il faut tout d'abord éviter d'exprimer de la colère quand il a un zéro à une dictée, ou éviter de lui répéter que décidément il n'est bon à rien, qu'il ne fait pas d'effort. Mieux vaut, plutôt que de s'arrêter à sa note, commenter son travail, constater le progrès accompli : les mots difficiles écrits correctement, les accords auxquels il a pensé. Reconnaître ses efforts – et il y a toujours, même pour un enfant très démotivé, un temps où il a fait un effort. Les parents doivent être attentifs non aux moments où il s'est laissé aller, mais à ce moment précieux où il a fait un travail avec sérieux, même si, pour une raison ou une autre, il n'est pas récompensé par une bonne note. Là est le rôle des parents.

On aide l'enfant à se créer une image positive de lui-même en favorisant des succès : le fait de réussir et le plaisir qui en découle sont essentiels pour lever certains blocages, pour lui donner confiance en ses possibilités. S'intéresser à tous ses progrès, si minimes soient-ils (en s'appuyant sur les activités extrascolaires), c'est exprimer la confiance en sa capacité de réussir. Les renforcements positifs sont de loin préférables aux réprimandes, sources de tensions qui conduisent souvent à la résignation. Assurer un enfant qu'il a les capacités nécessaires, et il progresse.

On part d'une réussite pour le conduire à une autre. Chacune d'elles est valorisée. Toute activité en dehors du cadre scolaire sert d'exemple car, pour avoir été réussie, elle exprime des qualités comme la concentration, la compréhension et l'imagination. C'est grâce aux actions réussies que l'enfant améliore l'image qu'il a de lui-même.

On montre dans sa propre vie que la réussite s'accomplit à partir du moment où l'on a mobilisé tous ses efforts, son attention, sa volonté pour atteindre l'objectif visé.

Hors du champ scolaire, le soutien des parents passe par une attention à sa curiosité intellectuelle, par l'exemple de leur propre curiosité et du plaisir à faire effort.

Attitudes positives des parents :

- Féliciter l'enfant sans faire suivre le « bravo » par un « mais ».
- Lui donner une chance en y croyant.
- Lui fournir dans le quotidien des occasions d'être responsable de ses actions.

Motivé mais résigné

À quel moment un enfant connaît-il la démotivation ? Est-ce dès la première année d'école, dès les premières difficultés ? Combien en affronte-t-il avant de se désinvestir des activités scolaires ?

Il semblerait que, dans un premier temps, les élèves qui peinent à l'école prennent malgré tout plaisir aux activités et accordent à l'école la même importance que les autres. Ce qui les différencie est qu'ils se découragent plus vite et abandonnent plus rapidement un exercice en cas d'échec. Il est vrai qu'à l'entrée du primaire, les exercices sont encore revêtus d'un habillage divertissant qui les rend moins arides. Ces élèves ne sont pas démotivés, ils sont tout simplement résignés à n'être pas bons.

Question de parents

Quelle attitude avoir face à un enfant pour qu'il ne renonce pas dès les premières difficultés ?

« Je ne comprends rien aux verbes. Pourquoi je les apprendrais ? » Chloé, 10 ans

« Je suis nul en soustraction. Je serai toujours nul. » Bastien, 8 ans

« J'aime les maths. Mais cette année, ça devient difficile. » Jean, 14 ans

Un échec, puis un deuxième, un effort pour comprendre, pour apprendre sans doute, puis une mauvaise note. Ces enfants ont renoncé. L'une à apprendre les conjugaisons, l'autre à faire les soustractions. Il est à craindre qu'une difficulté dans une autre matière n'entraîne là encore un

renoncement à tout effort. On entre dans une spirale qui mène à la démotivation scolaire.
Réagir trop brutalement et brusquer l'enfant, ou encore se moquer de son manque de volonté renforcerait le blocage. Il faut trouver rapidement le moyen de l'aider à franchir un obstacle afin qu'il mémorise une réussite. Petit obstacle, petite réussite, puis un obstacle un peu plus difficile à surmonter. C'est le début d'une reprise de confiance en soi. Le jeu ou encore le sport sont idéals pour apprendre à persévérer et à surmonter les obstacles. L'enfant fait preuve de plus d'obstination dans ces domaines où il se sent davantage à l'aise que dans le scolaire.

Tout change, deux ou trois ans plus tard, quand on aborde l'orthographe, le calcul, de façon moins ludique. De plus, les évaluations se font plus prégnantes et, qu'on le veuille ou non, la comparaison s'installe. Comment, dans un climat de compétition, résisteraient-ils ?

Si l'enfant est en difficulté depuis l'apprentissage de la lecture, il a eu l'occasion d'être tant de fois confronté à l'échec que sa motivation a fini par être ébranlée. Mais, dans les deux premières années du primaire, l'appréciation du maître « Ne réussit pas car n'est pas motivé » semble peu appropriée à la plupart des élèves.

Attitudes positives des parents :

- Rassurer l'enfant sur sa capacité à progresser.
- Lui donner de bonnes méthodes de travail.
- Passer du temps avec lui à des activités non scolaires qui le valorisent.

Résistance à l'apprentissage

Il existe une résistance, celle de tout enfant à être éduqué. Quel parent ne l'a pas ressentie à un moment ou un autre ? Mais au fond n'est-elle pas légitime ? Pourquoi déciderait-on du pourquoi et du comment à sa place ? Pourquoi devrait-il apprendre ce que l'on tente de lui transmettre avec des mots qui ne veulent pas dire les mêmes choses que les siens, avec des références qui lui sont étrangères, avec une façon de penser qui n'est pas forcément la sienne ? Il ne sert à rien de tenter de briser cette résistance, au risque de le démotiver tout à fait. Mieux vaut l'aider à se sentir concerné et en sécurité, mieux vaut montrer de l'enthousiasme quand on travaille avec lui.

> **Le saviez-vous ?**
> Deux élèves sur trois vivent le redoublement comme une humiliation.
> La motivation dans l'année du redoublement est moins forte que lors de l'année qui précède.

Les enseignants reconnaissent à leur comportement physique et mental les élèves qui ne sont guère impliqués dans un cours. Il ne s'agit pas d'inactivité mais plutôt de désintérêt. Il y a le rêveur, celui dont les pensées vagabondent : le corps avachi sur la table ou tassé sur la chaise, le regard vide. Visiblement, son esprit est ailleurs. Il flotte au gré de ses pensées, revient au cours pour en saisir des bribes, malheureusement pas toujours l'essentiel.

Il y a aussi le distrait qui a du mal à rester immobile. Le corps agité signale ses difficultés à fixer son attention. Il est occupé à d'autres sujets. Il travaille en pointillés quand le ton du maître le ramène au réel ou à un changement d'activité, mais il se laisse distraire par ce qui se passe dans la classe : un chuchotement derrière lui, une trousse qui tombe.

Attitudes positives des parents :

- Confier à l'enfant des responsabilités adaptées à son âge.
- L'aider à développer sa liberté personnelle.
- Encourager sa curiosité intellectuelle.

Le stress de l'enfant

Le stress est-il spécifique à l'adulte confronté au monde du travail ? On l'a cru longtemps. Ou disons que l'on ne s'est pas interrogé sur la souffrance de l'élève : rythmes scolaires lourds, exigences parentales, rapport aux autres enfants. Il se trouve plongé à l'école dans un milieu qui est loin d'être aseptisé et ressemble étrangement à celui des adultes : rythme de travail, pressions, enjeux.

> **Le saviez-vous ?**
> Facteurs de stress :
> Sept élèves sur dix ont peur des contrôles.
> Deux sur dix souffrent des menaces de redoublement.
> Trois sur dix craignent l'agressivité ou les moqueries de leurs camarades.

Dès l'école primaire il y trouve la compétition, la comparaison, le regard critique, l'exigence de la performance, le refus du droit à l'erreur. Il a peur d'être ridicule s'il se trompe, d'être mal jugé par l'enseignant mais aussi par ses camarades, d'être agressé. Il craint les moqueries, redoute de ne pas être à la hauteur des autres. Et quand il rentre chez lui, il se sent encore sous pression. « L'école » est présente, dans sa chambre où il fait ses devoirs, à la cuisine où on le prie de finir son goûter, à l'heure du dîner où il est sous les questions des parents.

Comment ne serait-il pas stressé ? Quand il apprend à lire, on s'inquiète s'il ne montre pas d'aisance dès le premier trimestre. Un an plus tard, on évoque la dyslexie s'il a des lenteurs en lecture et bute sur certaines syllabes. Bien avant le secondaire, on doute de ses capacités à y entrer. Et, plus tard, chaque difficulté menace son passage en classe supérieure.

Le rythme scolaire est tel que l'enfant n'a pas vraiment le temps de décompresser, de jouer, de ne rien faire, de se libérer de ses tensions, de son trop-plein d'énergie. Il doit lire, apprendre ses leçons, faire ses devoirs ou mettre un point final à un travail qu'il n'a pas eu le temps de terminer en classe. Il doit aussi se dépêcher pour mener à bien les activités extrascolaires (piano, tennis, judo, dessin...), activités excellentes par ailleurs mais qui souvent ne lui laissent pas un temps pour récupérer, pour libérer sa pensée du « faire ».

À quoi reconnaître un enfant stressé

Il y a tout d'abord celui qui n'est jamais content. C'est un enfant triste, irritable. Tout doit être parfait ; aussi la moindre contrariété à l'école, une mauvaise note ou une réflexion, le mine. Il a peur d'arriver en retard, de ne pas savoir sa leçon. Il ne parvient pas à se mettre à juste distance, à trouver un équilibre, à différencier en lui l'élève et l'enfant qu'il est. Il est sous pression permanente et cela se voit le week-end : il a du mal à se relaxer.

Il y a aussi celui qui somatise à tout bout de champ : maux de tête le dimanche soir ou le lundi matin, maux de ventre. Le moindre virus qui traîne est pour lui. Il mange mal, a le sommeil difficile.

Astuce

On bannit le « ce n'est rien » quand un enfant est stressé. On le laisse tout simplement exprimer ce qu'il ressent. C'est déjà beaucoup.

Un autre est irritable, systématiquement agressif, ou encore a de fréquentes crises de larmes. Il a moins d'allant à se mettre au travail, éprouve des difficultés à se concentrer, voire refuse d'aller à l'école.

Attitudes parentales positives :

- Avoir des attentes réalistes.
- Respecter le rythme d'apprentissage de l'enfant.
- Éviter de parler de l'école à table ou au cours de réunions familiales.

Refus d'aller à l'école

Tous les enfants éprouvent à un moment à l'égard de l'école une certaine appréhension, un désir d'être ailleurs. Cette peur est le lot des petits qui font leur rentrée. Il arrive que la peur gagne en intensité et devienne une angoisse qui surprend par son côté incompréhensible. Elle tient de l'inhibition. Elle touche même les adolescents qui – pour des raisons psychologiques variées – sont dans l'impossibilité d'aller en cours et résistent par des crises d'anxiété très fortes quand on tente de les y forcer.

Le refus d'aller à l'école chez les enfants de primaire (4 %) est lié à une angoisse de séparation. Cette angoisse peut être renforcée par l'appréhension du milieu scolaire.

L'enfant vit dans la détresse, parfois la colère, quand arrive l'heure d'aller à l'école. De plus, il ne supporte pas de rester seul chez lui dans la journée et refuse de s'endormir loin de ses parents. En classe, il sombre dans la tristesse et ne peut maîtriser le désir impérieux de retrouver les siens. Il doit toujours avoir un proche – principalement la mère – à portée de main. On pourrait le croire exclusif et capricieux s'il ne souffrait de maux physiques : maux de ventre, maux de tête, vomissements.

Il rumine des craintes irréalistes au sujet de drames qui pourraient arriver à sa famille, tels que maladie grave, accident, mort ou disparition. Ou il peut avoir peur pour lui-même, et là il fantasme des agressions, des enlèvements.

Le trouble anxieux de séparation est sous-tendu par un système familial ambivalent. On veut que l'enfant soit autonome mais, dans le même temps, il n'est pas encouragé à « grandir » et même, dans certains cas de conflit conjugal, il est plus ou moins clairement récompensé de son attachement exagéré à l'un de ses parents.

L'enfant retourne à l'école quand il peut oser être autonome sans craindre la perte des personnes auxquelles il est attaché, ses parents.

Anxiété à la suite d'un racket ou d'une agression, panique à chaque contrôle, phobie sociale, agoraphobie, état dépressif, troubles du comportement, l'adolescent, qui pour une raison ou une autre interrompt un temps sa scolarité, a beaucoup de mal à revenir à des habitudes d'élève classique. Comme il a développé des lacunes, quand il tente un retour en classe, il se heurte à des difficultés ; il se trouve aussi face aux autres élèves, curieux mais pas vraiment compréhensifs, moqueurs parfois. Il se sent en marge, ce qui renforce sa phobie. D'où l'importance de consulter un médecin avant que le trouble anxieux ne s'installe. Plus l'absence est longue, plus le retour à l'école est difficile.

Est-ce vrai ?

On dit : « La phobie scolaire est une souffrance pour l'enfant. »

Oui. Tout enfant, surtout l'adolescent, veut ressembler à ceux de son âge. Or la normalité, c'est d'aller à l'école. D'où honte et frustration de ne pas y parvenir, culpabilité envers ses parents. D'autant plus fortes que la phobie s'installe.

Attitudes positives des parents :

- Autoriser l'enfant à être autonome.
- Le pousser à investir l'extérieur.
- L'inciter à des activités de groupe.

Les règles d'or

- Dissocier son désir et celui de l'enfant
- Sécuriser l'enfant affectivement
- Montrer que ce qu'il fait intéresse
- Lui donner confiance en ses capacités
- Lui offrir la possibilité de surprendre
- Valoriser ses réussites quelles qu'elles soient
- L'encourager à assumer ses choix
- Proposer des défis à sa mesure
- L'aider à trouver du sens, à se donner des buts
- Faire en sorte qu'il ait du plaisir dans son apprentissage

2

APPRENDRE AVEC SES PARENTS

Ou comment apporter le savoir autrement

Quel est le rôle des parents ? Peuvent-ils être des éducateurs et seulement cela, ou doivent-ils prendre à la maison le rôle d'instructeurs lorsque leur enfant rentre de l'école ? Comment favoriser ses apprentissages ? En participant, plus ou moins, à l'élaboration de ses devoirs ? En adoptant une attitude positive et active ? Que peuvent-ils faire par ailleurs pour l'aider à s'épanouir intellectuellement ? En dehors de toute référence scolaire, quels sont les enrichissements possibles ?

Est-ce vrai ?

On dit : « Le travail à la maison améliore la réussite scolaire. »

Non, si les parents recommencent l'école après l'école. Oui, si les parents savent bien délimiter le temps imparti au scolaire.

On comprend l'importance de ces interrogations quand on sait que l'enfance est le moment où se construit l'image que l'on a de soi, et que celle-ci repose en grande partie sur la réussite scolaire.

Les parents ont un rôle déterminant à jouer pour guider l'enfant. Il leur faut trouver la distance adéquate, le bon rythme d'accompagnement, trouver un juste équilibre entre leur intérêt actif pour le scolaire et la vie de la famille.

Le suivi de la scolarité ne doit pas accaparer tout leur temps. Ils ont une autre tâche à mener : ouvrir l'enfant à la curiosité du monde pour qu'il y prenne de quoi se construire.

L'apprentissage, quand il se fait avec l'assistance des parents, dépend de la relation de travail, relation où doivent être alliés le ludique et la rigueur, le respect mutuel, l'écoute et la disponibilité.

Les devoirs à la maison

On apprend en cours, on révise à la maison. Cela devrait être ainsi. Le travail à la maison est là pour permettre de consolider les acquis de la journée, de vérifier que le cours a été assimilé. En fait, cela dépend de plusieurs facteurs : le degré d'attention de l'élève en classe, les difficultés rencontrées à ce moment : le bruit ambiant, une incompréhension aux explications du professeur ou encore un manque de connaissances qui nuit à

Le saviez-vous ?

Attentes des parents quant au travail à la maison :

- Ancrer les notions apprises à l'école : 75 %
- Permettre un suivi : 61 %
- Développer l'autonomie de l'enfant : 53 %
- Remédier aux difficultés : 42 %
- Apprendre l'effort : 40 %

l'apprentissage. Aussi la charge du travail à domicile, ressemblant souvent davantage à un apprentissage qu'à une simple révision, paraît démesurée aux enfants.

Ils reviennent le soir avec des devoirs et des leçons à apprendre. Ce travail empiète sur leur temps de loisir, leur temps de repos. Un élève de dix ans peut avoir une heure de travail sans que cela choque. Or cet élève a déjà passé six heures sur les bancs de l'école, et il faut savoir que le développement physiologique et intellectuel d'enfants de cet âge s'accommode mal de journées trop longues.

Le saviez-vous ?
Pas de critiques devant l'enfant : ni sur les enseignants, ni sur les devoirs à faire, au risque de le démotiver.

Avec l'entrée au secondaire, le travail à la maison s'intensifie. Les enfants sortent des cours avec de quoi occuper, selon les classes et les professeurs, la fin de la journée et une bonne partie des week-ends.

Est-ce vrai ?

On dit : « Le travail à la maison favorise le développement de l'autonomie chez l'enfant. »

Oui, s'il le fait seul, les parents apportant une aide ponctuelle. Non, s'ils s'impliquent trop dans la tâche.

Les exercices doivent être réalisés sans l'aide d'un adulte, les enseignants insistant sur le travail autonome de l'élève. Mais dans quelle mesure les parents interviennent-ils ? Toutes les enquêtes sont claires : les enfants sont le plus souvent accompagnés ou aidés par leurs parents – la mère dans 85 % des cas.

Les parents : enseignants bis ?

L'enfant a besoin pour se construire de s'approprier des espaces. L'école est son espace personnel. C'est un lieu de socialisation, nécessaire pour y développer une image de lui-même, loin des enjeux familiaux. Il y a l'école et il y a la maison. Il y a les enseignants et il y a les parents. Il est bon qu'existe un lien entre les deux, que les parents, par une attitude responsable, s'intéressent et suivent de près la scolarité de leur enfant, mais il n'est pas souhaitable qu'ils deviennent des enseignants bis, au détriment de leur rôle de parents. L'espace familial doit se préserver de trop de « scolaire ».

Psycho

L'enfant est une personne, non un élève

À vouloir trop bien faire pour leur enfant, des parents angoissés surinvestissent le scolaire et finissent par créer une situation explosive : on a un enfant, devenu adolescent, qui est dans l'incapacité d'étudier par opposition à ses parents à qui, pense-t-il, l'école seule importe ; et on a des parents désarmés ne trouvant plus d'autre attitude possible que les reproches. Et, bien entendu, ces reproches enfoncent davantage l'adolescent dans sa non-motivation.

On ne met pas son enfant sous pression. On laisse le travail scolaire à sa place, et surtout on prend garde qu'il n'investisse pas l'espace affectif. Quand affectivité et travail sont mêlés, la moindre difficulté scolaire devient un drame alors qu'elle devrait n'être qu'un problème, résolu d'autant plus facilement que les parents ont tenu éloignée leur inquiétude de l'avenir. L'enfant doit se sentir aimé quels que soient ses résultats. Son désir légitime est d'être pour ses parents une personne et pas seulement un élève.

Pourtant, parce que les années à l'école sont décisives, il leur incombe de s'investir, d'adopter une attitude positive, active et efficace. Ils sont des accompagnateurs, attentionnés et intéressés, des facilitateurs.

Est-ce vrai ?

On dit : « L'aide des parents exerce un effet positif sur le rendement des élèves. »

Oui, si les parents sont attentifs et heureux de partager ce temps avec l'enfant.
Non, si les parents sont pressés et manquent de patience.

Le travail à la maison doit se faire dans un climat serein. Il est efficace à une condition : que l'enfant sente un minimum d'intérêt de la part des parents. Non pour ses notes mais pour ce qui l'intéresse, ce qu'il a vécu à l'école, pour sa vie émotionnelle ou encore ses réussites et les obstacles qu'il rencontre dans une matière.

Or les tensions sont fréquentes, d'autant plus quand il a des difficultés à l'école. Il s'attarde à son ordinateur ou devant la télé, rechigne à se mettre à sa table, manque d'attention, ne comprend pas une consigne, et ses parents perdent patience, s'énervent. L'enfant entre alors dans un état émotif qui le prive davantage de ses facultés, il ne parvient plus à se concentrer, à réfléchir. Quant à la mémorisation, ce n'est pas ce qu'il doit apprendre qu'il retrouve plus tard en mémoire, mais l'énervement ou du moins un sentiment pénible, bloquant l'accès à la connaissance. Voilà ce qu'il risque de mémoriser : une inefficience et une perte d'estime face à ses parents.

Les parents et le travail à la maison

Les premières années de primaire sont difficiles à vivre. L'enfant a souvent du mal à s'adapter : horaires, rythme, privation de liberté de mouvement, pression du travail, et déjà la peur de ne pas réussir. Psychologiquement et scolairement, il attend beaucoup de ses parents. Au fil des années, le volume de travail s'alourdit, et les exigences des enseignants se font plus pressantes. L'enfant entre dans une période de sa vie où la présence des parents tient d'un équilibre fragile que la moindre remarque, la plus petite intervention peuvent mettre à mal.

> **Le saviez-vous ?**
> 5 % des élèves de primaire n'ont jamais de devoirs à faire.
> 25 % en ont irrégulièrement.
> 70 % en ramènent tous les soirs.
> 60 % des adolescents font en moyenne une heure et demie de devoirs tous les jours.

Le rôle des parents demande de l'habileté pour faire du travail à la maison un moment d'échanges et non un champ de bataille.

Ce que l'enfant attend de ses parents :

- Il espère une présence au retour de l'école.
- Il attend qu'on s'intéresse à son travail sans pour autant que l'on se montre inquisiteur.
- Il désire qu'on remarque ses nouvelles compétences.
- Il a besoin qu'à chaque difficulté on dédramatise.
- Il veut qu'on l'encourage, qu'on le rassure.

Pour répondre à son attente, les parents :

- Écoutent l'enfant pour comprendre l'élève.

- Aident sans s'appesantir dans des explications trop longues.
- Font parler de ce qui a été vécu, de ce qui a été appris.
- Donnent des objectifs réalistes et rapprochés dans le temps.
- Félicitent pour les progrès ou les efforts.

Psycho

Croire qu'il peut réussir

Quand les parents reportent leurs propres inquiétudes sur l'espace scolaire de l'enfant, ils le déterminent et le privent de sa liberté d'apprentissage. L'enfant perd la curiosité, le désir de bien faire et d'apprendre qu'il porte en lui.

Davantage que les mots, c'est le fait de croire en ses capacités qui peut le rassurer. Plus on est persuadé que l'enfant peut réussir, plus ses chances effectives de réussite sont démultipliées.

Et les devoirs de vacances ?

Devoirs de vacances, voilà deux mots dont l'association a de quoi surprendre. Les devoirs supposant un apprentissage, et les vacances évoquant les loisirs et le repos, loin des conjugaisons, de la règle du participe passé et du théorème de Pythagore.

Arrivé fin juin, une question des parents revient, la même chaque année : « Que doit-il faire pendant l'été ? » Question d'autant plus impérieuse que l'enfant n'a pas été performant. Doit-il faire des dictées au retour de la plage ? Travailler sur les fractions ? Doit-il revoir les tables de multiplication ou ses cours de géométrie ?

Comment concilier devoirs et vacances ? Le pari semble difficile à tenir et les arguments sur leur utilité ne tiennent pas vraiment la route. Les enfants qui ont plaisir à travailler en été sont bons élèves et n'en ont nul besoin. Et le prétexte des révisions pour eux est fallacieux puisqu'en début d'année, les enseignants reviennent sur l'essentiel de l'année précédente.

Quant aux élèves en difficulté, il est rare qu'ils soient volontaires, et travailler se révèle à double tranchant : certes, ils peuvent faire enfin une soustraction sans oublier les retenues, ou résoudre une équation à deux inconnues, mais, parce qu'ils y mettent de la mauvaise volonté, ou que la situation les replonge dans un vécu difficile, il est plus que probable que ce travail/punition n'aille à l'encontre de toute motivation future.

De plus ce travail, qui met les parents dans une position d'instructeurs, risque de fausser le rapport enfant/parents tel qu'il devrait être pendant les vacances, moment idéal pour oublier les contraintes, pour vivre de façon plus libre et partager ensemble des activités autres que celles de l'année scolaire.

Des devoirs en vacances ? Oui

À deux conditions : la première est que l'enfant accepte les arguments de ses parents et soit suffisamment motivé, l'autre étant de faire une coupure d'un mois après la fin des classes pour le laisser décompresser, puis de limiter à une heure par jour le temps de travail. De plus, pour éviter les conflits, préjudiciables à l'apprentissage et à la bonne entente familiale, l'enfant

Psycho

Avis cohérents

Les parents ont souvent des points de vue différents sur le travail de l'enfant, ses résultats, ses difficultés et son autonomie, sur l'espace de liberté à lui donner. Cela est normal, mais ils ne peuvent se présenter face à lui avec des avis contraires ; ils doivent s'accorder auparavant. Leurs avis et leurs réactions doivent toujours être cohérents, sous peine de le déstabiliser. S'il existe un problème, ils en discutent en l'absence de l'enfant avant de prendre une décision commune. Après quoi, ils en parlent avec lui.

trouvant toujours une occupation à faire et repoussant sans cesse le moment de s'y mettre, il s'agit de décider avec lui d'un horaire et de s'y tenir.

Nombreuses sont les familles à glisser dans leurs bagages un de ces cahiers de vacances assez ludiques pour ne pas décourager l'enfant. Mais s'il a été un « mauvais » élève, il y a peu de chances qu'il rattrape une année ratée avec un de ces cahiers. À vrai dire, leur rôle principal est de rassurer les parents.

Quelle est leur efficacité réelle ? Une étude réalisée en 2001 par l'Iredu (Institut de recherche en économie de l'éducation) a démontré – en se basant sur des élèves de primaire – que ces cahiers permettent à l'enfant de garder ses acquis de l'année dans le cas seulement où il accomplit la totalité des exercices, du début à la fin. D'où obligation faite aux parents de s'investir dans le travail : ils doivent planifier le rythme des exercices, s'assurer qu'ils ont été faits et que les corrections ont été comprises. Or, les chercheurs responsables de cette enquête constatent qu'un quart seulement des enfants terminent leur cahier.

Des devoirs en vacances ? Non

Tout au long de l'année scolaire, l'enfant suit une voie indiquée par ses enseignants et dont il ne peut se détourner, d'où l'importance, l'été, de faire des activités par lui-même : écrire un journal, mener un projet à son terme.

On peut l'inciter à tenir son propre cahier de vacances : il y inscrit les événements de la journée, les résumés et critiques des livres qu'il a lus, des films vus, ses observations de sciences naturelles, des interviews, des informations sur des sujets qui l'intéressent, informations qu'il est allé chercher dans des livres ou auprès d'adultes.

Le but est de susciter la réflexion, l'imagination, non d'accumuler les savoirs. On met ainsi l'enfant dans une approche des connaissances différente de celle de l'école, ce qui permet souvent de déverrouiller des blocages.

Pendant les vacances, il existe maintes occasions pour les parents d'enseigner en oubliant le scolaire :

- l'histoire en visitant un château ;
- la géographie en parcourant la rive d'un fleuve ;
- les sciences en observant les marées ou des fossiles trouvés dans la campagne ;
- le calcul en partageant les coquillages ramassés au bord de mer ou les glands dans la forêt ;
- l'orthographe et la culture générale grâce à des chasses au trésor...

Il s'agit d'ouvrir de nouveaux champs d'intérêt, différents de ceux de l'école.

Psycho

La réussite est celle de l'enfant

Quand la réussite scolaire devient un enjeu de réussite pour les parents :
On a dans un cas un enfant performant, parfois même perfectionniste, mais souvent sous tension, de peur de décevoir ses parents.
On a dans un autre cas un enfant en échec scolaire, perdu et culpabilisé : la réussite se trouve au centre d'un conflit familial.

Apporter le savoir autrement

Le métier des parents est, davantage que de poursuivre strictement l'enseignement scolaire, d'apporter le savoir différemment. Par d'autres voies qui, pour paraître beaucoup moins sérieuses, le sont tout autant : les apprentissages, auxquels on ne donne pas ce nom, et qui sont les jeux, les observations du quotidien, les réponses aux questions, les activités diverses. Ils complètent le savoir donné par les enseignants. Ils ont une part infiniment plus importante qu'on ne l'imagine dans le développement intellectuel.

Les expériences qui apprennent

On dit que la moitié des hommes sont bricoleurs et que, dans la plupart des cas, pour plus de tranquillité ou encore de crainte que leur enfant ne se blesse, ils le tiennent à l'écart de leurs activités. Or il peut beaucoup y apprendre – et une fille tout autant qu'un garçon.

Psycho

Le dire autrement

Quand l'enfant est fatigué et que le parent l'est aussi, il peut le dire simplement. « Comme c'est difficile aujourd'hui. Je ne sais pas ce que tu aimerais faire, moi je m'installerais volontiers dans un fauteuil avec un livre. Mais bon ! On va s'y mettre tous les deux. Et faire en sorte de travailler vite et bien. »
L'enfant aime savoir (et qu'on le lui dise) qu'il n'est pas seul à manquer d'enthousiasme à travailler. Et il y a toutes les chances qu'il retrouve un peu d'entrain.

L'enfant observe, analyse, expérimente, représente, s'initiant à la démarche scientifique. Il conçoit, fabrique, transforme, acquérant les méthodes propres à la démarche technologique. Il développe ainsi le sens de l'objectivité, il apprend à avoir un but précis et à se donner les moyens d'y parvenir, il développe sa créativité.

- On lui donne des rudiments de savoir et de savoir-faire. On le met en situation de découverte et d'expérimentation. On répond à ses questions.
- On encourage le maniement d'outils. On donne à manipuler les objets hors d'usage ou qui traînent, anciens et inutiles dans un placard : appareil photographique, batteur, vieux réveil, grille-pain, lampe de poche. On laisse l'enfant les démonter, les remonter. On explique leur fonctionnement.
- On l'incite à les transformer. À inventer un objet en état de marche ou qui pourrait l'être en associant des pièces diverses.

- On l'aide à faire un schéma de ce qu'il a découvert dans le ventre d'un objet. Ou encore d'un objet imaginaire, d'une machine qui n'existe pas. On l'aide à construire une maquette. Et l'enfant y parvient d'autant plus facilement qu'on l'a laissé toucher, explorer, découvrir, qu'on lui a donné à manipuler un bout de tuyau en plastique ou en métal, une roue dentelée, une chaîne en acier, un pédalier.
- Il compare des matières, des poids et des trajectoires. Avec les plans inclinés, il expérimente les notions de pesanteur et de force.
- L'enfant intériorise les concepts de physique principalement par la manipulation, et l'y encourager en fait un élève à l'aise au moment où il a à comprendre les cours d'électricité. Quand on doit changer un fusible, on lui rend familier le système électrique : compteur, disjoncteur, interrupteur, prise, fil, douille, ampoule.
- Quand on fait un petit travail de plomberie, quand on ouvre le capot de sa voiture, on invite l'adolescent à être son compagnon. Quand on installe un projecteur, on lui demande son aide : direction de la lumière, réfraction, ombre.
- Ou encore à la cuisine, on met le jeune enfant en situation d'observer. États de la matière et sa transformation. Condensation de l'eau et fluidité des liquides. Quand l'eau bout, que se passe-t-il ? Et quand elle gèle ? Garde-t-elle le même volume ? Un glaçon, c'est de l'eau, alors pourquoi flotte-t-il ? Pourquoi l'huile flotte-t-elle sur l'eau, elle aussi ? Et pourquoi le sirop coule-t-il ?
- Il n'est pas évident d'ailleurs que les parents sachent répondre à toutes les questions que l'on se pose à

bien observer. Ils n'ont qu'à avouer alors leur ignorance à l'enfant, puis l'entraîner faire des recherches dans une encyclopédie ou sur Internet. On l'incite ainsi à la curiosité et au goût de la satisfaire.

Que faire de la télé ?

Un des dangers de la télévision est qu'elle génère une attitude passive. L'image est explicite, il n'y a aucun effort à faire. Et l'enfant d'emblée se tourne vers un film ou une émission, abandonnant toute autre activité plus enrichissante.

Mais la télévision n'est nocive que si l'enfant la subit. On l'aide à devenir un spectateur averti, et cela s'apprend très tôt. Il choisit, on choisit avec lui les programmes qui l'intéressent et qui lui sont adaptés. Ce qui ne signifie pas qu'il n'ait droit qu'aux émissions culturelles. Quand un adulte est présent, un simple divertissement peut avoir aussi valeur éducative. On se sert du film pour aller plus loin. On place le sujet dans son contexte historique et géographique : « À cette époque, en Italie, mais aussi en France et partout ailleurs, on circulait en voiture à chevaux. Il n'y avait pas d'automobiles, et quelques trains. Et c'est bien plus tard qu'ont été construits les premiers avions », etc. Toutes ces choses sont dites, sans insister. Commentaire léger. Puis on fait référence à la famille : « C'est à cette époque que le grand-père de ton grand-père travaillait en usine. Douze heures par jour, même le samedi. », etc. On évoque la géographie et l'histoire, on place les événements sur une ligne du temps, on peut même aborder le social, l'économique, le politique et l'éducation civique, et bien d'autres domaines qui feront partie de sa culture. Ainsi on parle de Rembrandt, dont il a vu une toile dans un musée ou dans un livre.

Et puis, dans tout le fatras offert par la télévision, il existe de bonnes émissions qui permettent de faire connaissance avec la nature, l'art, d'autres pays, d'autres cultures. Au prétexte de vacances à organiser ou d'une carte postale reçue, on les visionne avec l'enfant. Ou encore on enregistre des documentaires dont il fait un montage – avance rapide – quand des passages traînent en longueur, ou abordent des sujets où il manque de références nécessaires à la compréhension.

Le plus jeune peut se sentir valorisé si on l'« invite » à regarder une émission importante avec les adultes. On l'aide par quelques brefs commentaires à mieux entrer dans ce qu'il voit. Après la projection, il est intéressant d'ouvrir une discussion.

Amener l'enfant au plaisir de lire

Afin que l'enfant n'abandonne pas la lecture au profit de la télé ou des jeux vidéo, il est du rôle des parents de la faciliter. L'enfant devient un lecteur à deux conditions. La première se situe quand, apprenant à lire, il comprend que les mots ont du sens, et qu'il traduit en images ce qu'il lit. Il « filme » l'histoire, la remet en images, les siennes. S'il ne réussit pas cela (souvent il ne sait pas qu'il a à le faire), il reste cantonné dans une lecture privée de sens et il perd le goût de la lecture, goût qu'il a perçu à écouter les

> **Astuce**
> Un autre moyen d'intéresser l'enfant à la lecture est de laisser traîner au salon et un peu partout dans la maison livres, revues, journaux.

histoires que lui lisaient ses parents au coucher quand il était plus petit.

La deuxième condition pour que l'enfant ait plaisir à lire est que ses parents, ou au moins l'un d'eux, aiment lire et le montrent : le plaisir est communicatif.

L'enfant doit appréhender dans les toutes premières années le plaisir, l'enrichissement, l'émotion qu'apporte la lecture. L'erreur serait pourtant de le forcer : on risquerait de le détourner à jamais des livres.

Question de parents

Quel type de relation établir avec son ado ?

« Avec maman, je ne sais pas comment faire. Parfois, elle est sympa. Et tout d'un coup, elle s'énerve. » Éloïse, 12 ans
« Mes parents sont cool. Ils signent mon carnet sans le regarder. » Solal, 14 ans

Il faut surtout éviter d'entrer dans une relation parent-copain. On est alors artificiellement complice et incapable de jouer son rôle structurant. On ne peut suivre l'adolescent dans ses errances et avoir en même temps la rigueur nécessaire dans le suivi de ses études. Il est nécessaire d'appréhender la situation à long terme et de ne pas se satisfaire de commodités immédiates et temporaires.
On est un parent à l'écoute de son ado, mais un parent qui donne les repères dont il a besoin, qui fixe les limites. Écoute et rigueur l'aident à se développer psychologiquement et intellectuellement.

Le moment de la lecture doit être un moment privilégié. Et pour que le partage ait lieu, pour que passe l'émotion, on s'implique dans cette activité, on vit l'histoire que l'on parcourt. Dans sa première année d'école, l'enfant n'est pas encore capable de transposer ses acquis ailleurs que dans son livre de classe. Même s'il lit bien, se saisir du sens de tout un texte est encore compliqué pour lui. Alors on lit pour lui. À sept, huit ans, l'enfant lit, puis la mère, puis l'enfant. Ou la mère lit un soir quand il est trop fatigué pour le faire. Ensuite, on peut imaginer que l'enfant, plus indépendant, veuille lire, fantasmer, rêver tout seul. Encore qu'il arrive à certains d'aimer partager ce plaisir. Et comme il est toujours complexe d'entrer dans une histoire, si l'on sent que l'enfant a du mal à ouvrir un livre, on lui lit les premières pages pour l'installer dans l'histoire.

Quant à l'adolescent, pourquoi ne pas découvrir son univers, faire l'effort de l'explorer pour y trouver de l'intérêt et parvenir à partager avec lui : lire une bande dessinée qu'il a particulièrement aimée, un article de sa revue favorite, en parler. Une certaine complicité établie, il est alors beaucoup plus aisé de l'entraîner en douceur vers quelques lectures, disons, plus classiques.

La lecture de plaisir a aussi une fonction d'apprentissage. L'enfant a accès à des connaissances auxquelles il ne prêterait pas attention si elles lui étaient proposées sous une forme plus scolaire. De plus, sans en être vraiment conscient, il engrange des mots nouveaux. Il lit un mot, le comprend plus ou moins grâce à son contexte. Il le retrouve dans une autre phrase ou un autre livre, un autre contexte, et le sens se précise. L'enfant s'approprie le mot.

L'écrit

Depuis qu'il est tout petit, l'enfant a le modèle de l'adulte en train de lire. Mais il ne lui est jamais donné de modèle pour produire de l'écrit. On lui met sous les yeux des textes achevés. À un élève qui fait une rédaction, l'enseignant demande de faire un brouillon, de se relire avec soin, de corriger. L'apprentissage est laborieux, d'autant plus que l'enfant ignore qu'écrire, même pour l'adulte, ne peut se faire sans hésitations ni ratures. Il pense n'être pas doué pour rédiger puisqu'il est incapable de produire facilement un écrit à peu près satisfaisant.

Amener l'enfant à l'écrit est une tâche difficile pour les parents, d'autant qu'à l'école ses productions sont soumises à évaluation. Alors tout est bon à la maison pour le familiariser à sa diversité. Pour le pousser à prendre un stylo ou à ouvrir l'ordinateur, on donne de l'importance aux petits écrits.

Astuce
Les petits écrits

- Suite ou fin d'un feuilleton, d'un livre.
- Lettres aux grands-parents ou à un personnage imaginaire.
- Légendes de ses dessins.
- Bulles de bandes dessinées.
- Messages pour un jeu de piste.
- Formulaires.
- Listes de courses.
- Rédaction d'invitations pour son anniversaire.
- Petits récits inventés.
- Paroles de chansons.
- Programme des vacances.

Pour ce genre d'écrits, une erreur serait de se focaliser alors sur l'orthographe. C'est cela qui le plus souvent inhibe l'enfant, les dictées et le rouge qui souligne toutes les « fôtes ».

Si on ne le prend pas en « faute », si on le laisse écrire tranquillement, il est alors possible qu'à un moment ou un autre, il vienne de lui-même poser une question. Ou, ne se sentant pas jugé, qu'il accepte une ou deux suggestions (pour ne pas dire corrections).

Le parler

La maîtrise de la langue s'acquiert en grande partie dans la famille. Parce qu'un bain de langage est vital, on parle et on fait parler l'enfant. Sans même qu'il en soit conscient, on peut initier un travail sur la langue orale. Les parents écoutent l'enfant. Ils relèvent quand il utilise un mot inapproprié, omet le *ne* dans une phrase négative, se trompe de pronom, formule mal un propos et n'utilise pas correctement les temps des verbes ou les mots de liaison. Ils laissent l'enfant finir sa phrase puis, mine de rien, ils la reprennent en l'énonçant correctement. « La fille qu'a les cheveux longs veut un chat », dit l'enfant. Un des parents reprend : « Ah ! La fille qui a des cheveux longs aimerait bien avoir un chat. Tu crois que Pacha serait heureux chez elle ? » L'enfant perçoit le mot ou la tournure correcte. On la lui fait entendre. La conversation se poursuit normalement, sans pression sur l'enfant, qui, si l'on exigeait la répétition, serait privé de la liberté de parole.

Ce travail sur la langue concerne non seulement les jeunes enfants, mais aussi les adolescents qui réduisent de plus en plus souvent la langue parlée à des phrases d'une grande pauvreté syntaxique.

Question de parents

Comment être à l'écoute de son enfant ?

« Papa, on ne peut jamais lui parler. » Antoine, 11 ans
« Quand je parle, Maman fait "hmm hmm" ! » Adrien, 6 ans

Il importe de créer des temps de communication où la parole de l'enfant peut se donner libre cours avec la certitude d'être entendue. L'enfant ne demande pas qu'on lui consacre des heures. Ce qu'il veut, c'est une écoute de qualité. On ne lui donne pas le change en lui répondant distraitement tout en vaquant à ses activités.
On écoute l'enfant pour l'entendre. On l'entend en se mettant à sa place et non en interprétant systématiquement ses dires avec sa logique d'adulte.
Moins l'adulte parle et plus l'enfant se sent autorisé à évoquer ce qui lui tient à cœur.

On initie également un travail de réflexion. Et, pour cela, on écoute l'enfant et, plutôt que d'imposer ses propres idées, on l'invite par des questionnements habiles, montrant tout l'intérêt sincère à ce qu'il dit, à aller plus loin dans ses réflexions et à les exprimer. Ainsi, il apprend à mener un raisonnement, à défendre ses idées, à argumenter ses opinions.

Les jeux

Les jeux de société sollicitent l'observation, la concentration, la mémoire, souvent la réflexion. Si les parents entraînent l'enfant, et que celui-ci sent qu'ils y auront du plaisir, il se peut qu'il abandonne ses écrans et vienne jouer.

- Certains jeux favorisent l'apprentissage des tout premiers nombres : les dés et les dominos.
- Le jeu de l'oie et celui des petits chevaux entraînent au calcul mental (addition et soustraction), l'enfant réfléchissant au nombre qu'il doit faire pour tomber sur une bonne case, au nombre à ne pas faire pour éviter de tomber sur une mauvaise case.
- Les échecs, le go et les dames favorisent les aptitudes de logique déductive.

> **Le saviez-vous ?**
> Le jeu vidéo sollicite des compétences nécessaires dans l'apprentissage scolaire : concentration, rapidité à traiter des informations et à décider, mémorisation, anticipation, analyse, réflexion, correction d'erreurs, utilisation de stratégies.

- On peut créer des jeux, par exemple un jeu de 7 familles en fonction des apprentissages de l'enfant ou de ses difficultés. Ainsi, on le fait travailler sur les sons : *on, an, ou,* etc. Dans la famille *« an »*, on trouve « maman, amande, ange, banc, éléphant, méchant ».
- On invente des familles de nature grammaticale. Il y a la famille nom, la famille verbe, la famille adjectif qualificatif, la famille pronom, la famille déterminant, la famille adverbe, la famille préposition. On peut décliner aussi ce jeu avec le temps des verbes.

Les jeux vidéo

Les jeux vidéo, tant décriés par les parents parce qu'ils scotchent petits et grands devant leur écran, n'ont pas de conséquences aussi négatives qu'on le craint. Il suffit de bien les choisir et de limiter le temps pendant lequel les enfants y ont accès.

Par le biais de l'interactivité, le jeu vidéo les met dans une démarche d'expérimentation active ; les joueurs entreprennent une action, observent ce qu'elle entraîne, agissent en conséquence.

L'ordinateur

Il permet de faire des recherches via Internet plus facilement que dans des ouvrages. On accompagne l'enfant pour l'aider à trouver les mots-clés et faire le tri dans les résultats.

C'est un excellent outil pour celui en mal d'écriture. La machine ne jugeant pas, elle le décomplexe. Lui qui a des difficultés à prendre un crayon n'hésite pas à écrire, d'autant que l'ordinateur peut l'aider à corriger. Les corrections sont invisibles, le travail est propre, ce qui n'est pas le cas dans ses cahiers.

La vie quotidienne

Tout au long de l'année, on pense à :

- L'observation du ciel : les étoiles, les phases de la Lune.

- Une éphéméride pour le temps qui passe, et un calendrier pour saisir la notion du temps qui revient cycliquement.
- La construction d'une frise généalogique. L'enfant y place des repères tant familiaux qu'historiques. Il inscrit sa famille et lui-même dans le temps, il rend l'Histoire plus familière, plus vivante.
- Une visite de lieux historiques, une reconstitution.
- La visite de musées. On ne force pas l'enfant. On n'y passe pas non plus des heures.
- La découverte de sites naturels : grottes, volcans, falaises.
- L'exploration des villes : situation géographique, activités économiques.
- Des jeux d'orientation à la campagne ou en ville (les points cardinaux).
- La lecture des cartes et des plans (plans de ville, cartes routières, cartes de chemins de randonnée).

Les règles d'or

- Veiller à ne pas oublier l'enfant derrière l'élève
- Écouter l'enfant pour comprendre l'élève
- Être un accompagnateur, non un enseignant
- Travailler ensemble sans conflit
- Guider mais ne pas faire les devoirs
- Adopter une attitude positive, active et efficace
- Se montrer intéressé sans être envahissant
- Remarquer les nouvelles compétences
- Faire parler de ce qui a été appris
- Apporter le savoir autrement : vécu et expériences du quotidien

3

LE CORPS QUI APPREND

Mieux le connaître pour mieux s'en servir

Assis à sa table, un enfant travaille. Il est concentré. Il résout un problème de mathématiques ou encore tente de mémoriser un cours de physique. On se dit qu'il est en plein effort intellectuel, et l'on oublie que son corps participe à cet effort. L'enfant-élève est souvent perçu comme une pensée en action ou, du moins, c'est ce qu'on lui demande d'être. On mésestime l'importance du corps, malgré l'adage de Juvénal souvent répété : « un esprit sain dans un corps sain ». Un bon élève est un enfant qui dort son content, qui apporte au cerveau les éléments nutritifs nécessaires à son fonctionnement, qui vit une scolarité où travail, activités physiques et repos s'équilibrent.

> **Le saviez-vous ?**
> L'enfant ne progresse pas de façon régulière tout au long de sa scolarité. Son développement cérébral se fait par poussées et connaît de longues périodes de ralentissement. Mémoriser, réfléchir prend plus de temps. Les périodes de poussée se situent aux alentours de l'âge de trois ans. Puis de sept, onze et quinze ans.

Le corps n'est pas un élément neutre dans les apprentissages. Tout comme apprendre la musique, la natation ou le dessin passe aussi par le langage, l'exercice de la dictée, de la géométrie passe par le corps. Il y a des enfants en développement, physique et psychique. Des enfants qui apprennent par la vue, l'ouïe, également par le mouvement.

La main, quant à elle, a une importance incontournable, en raison de l'écrit dont elle est le principal interprète.

L'écriture : habileté manuelle et geste graphique

Écrire est un geste complexe mettant en jeu la motricité générale de l'enfant (il doit avoir la maîtrise de son corps, trouver une posture et s'y tenir) et la motricité fine (il doit maîtriser le mouvement du bras et de la main). Dans ce geste entrent également en compte le contrôle visuel de ce qu'il produit (les lettres, les mots) et l'activité symbolique (le sens donné à ce qu'il trace, c'est-à-dire aux mots).

Quand l'enfant est dans les tout premiers apprentissages, on veille à ce qu'il ait une bonne position du corps, du bras et de la main ; qu'il s'adapte aux différents supports d'écriture (cahier à carreaux ou à lignes, tableau...) et soit capable de se servir de différents outils (crayon, stylo-bille, feutre, stylo, craie).

Est-ce vrai ?

On dit :

« Un enfant qui crayonne en classe est inattentif. »

Non, pas forcément. Il se peut qu'il crayonne ou joue avec sa gomme pour fixer son attention quand on lui explique quelque chose. Comme les personnes qui griffonnent sur un bout de papier quand ils sont au téléphone pour mieux écouter leur interlocuteur.

Mais savoir écrire n'est pas seulement former correctement des mots, c'est écrire dans un espace qui est celui de la page.

Est-ce vrai ?

On dit :
« Pour se souvenir d'une règle ou d'une définition, on doit l'écrire plusieurs fois. »

Non. Écrire plusieurs fois la même chose est une vraie perte de temps. Certains enseignants le conseillent à leurs élèves parce qu'il est vrai que la main a une mémoire. Mais la main a une petite mémoire. Donc écrire les mots-clés d'une leçon est efficace, ou la résumer ; mais non écrire une dizaine de fois une règle, surtout si, en le faisant, on la prive de sens.

L'enfant apprend que des règles existent. Qu'il doit aligner les lettres, les mots avec régularité. Qu'il existe des zones où il écrit, et d'autres, les marges, à laisser vierges. Il apprend aussi que les mots forment des blocs et que ces blocs ont un sens, ce sont des groupements de sens : phrases, paragraphes.

Le petit qui apprend les lettres a un modèle sous les yeux ; il copie une lettre, un mot qui se trouve sur son cahier et qu'il peut en permanence comparer, vérifier. La difficulté de la graphie se complique avec l'éloignement du modèle quand on lui demande de reproduire des mots (suite de lettres attachées les unes aux autres) qui ne sont plus sur le même plan. Il copie sur son cahier des mots écrits sur un plan plus éloigné, le tableau, ou encore il écrit ce qu'il a mémorisé et dont il doit retrouver le modèle dans sa tête.

Et puis arrive un moment où, l'enfant ayant suffisamment maîtrisé la graphie, il lui faut maintenant adapter son écriture aux différentes occasions. Il apprend à écrire plus ou moins vite. Pour noter les devoirs sur son agenda scolaire, pour un travail au brouillon, il écrit sans prêter attention à son écriture mais de façon qu'il n'ait pas de problème à la relecture. En classe, ou à la maison pour un devoir, il ralentit la main de façon que la graphie soit belle et parfaitement claire. Cela, quoi qu'on en pense, n'est pas vraiment acquis par l'élève qui entre au secondaire : il écrit plus ou moins bien, mais ses variations tiennent plus du moment et de sa motivation que des occasions.

L'enfant gaucher

Une idée reçue a longtemps circulé : les gauchers seraient plus susceptibles que les droitiers de souffrir de bégaiement, de dyslexie, de strabisme. Jusqu'à ce que des études récentes semblent apporter la preuve du contraire : ils ne souffrent d'aucun trouble mais le fait de contrarier leur nature, c'est-à-dire de les contraindre à devenir droitiers ou encore simplement de les faire vivre dans un monde inadapté, en serait la cause.

Astuce

Certains petits gauchers développent un système d'écriture en miroir. Ils écrivent de droite à gauche en formant chaque lettre en sens inverse du sens habituel. Alors, avant même qu'ils n'écrivent, on leur prend la main et on la pose à gauche de la page, pointe du crayon sur la ligne.

Le seul handicap des gauchers, c'est de vivre dans un monde fait pour les droitiers. Ils doivent s'adapter à un environnement qui n'a pas été pensé pour eux. Et ils sont contraints de lire et d'écrire dans le sens gauche-droite alors que leur geste naturel est d'aller de la droite vers la gauche.

Les enfants gauchers ne sont ni plus ni moins intelligents que les droitiers, ils ont autant de potentiel et, s'ils ont souvent plus de difficulté à écrire, c'est qu'on ne leur apprend pas la position la plus favorable conciliant confort et lisibilité.

Les droitiers et les gauchers ne font pas les mêmes mouvements. Leurs gestes et leurs appuis sont différents, le bras des gauchers est moins libre dans ses déplacements vers la droite, sens de l'écriture. Les droitiers tirent le crayon quand ils écrivent, les gauchers le poussent et leurs doigts ont tendance à glisser vers la pointe. Les doigts sont alors dans une mauvaise position et il est difficile de déchiffrer ce qui vient d'être écrit. Quand ils passent à l'encre, la page se couvre de taches.

Dans la plupart des cas, les élèves ont pour modèle un enseignant droitier. Ceux qui écrivent de la main droite le calquent tout simplement, mais ceux qui écrivent de la gauche ne peuvent se servir de lui comme modèle. D'où leur difficulté. Mais si on leur apprend à placer leur cahier de manière à voir ce qu'ils écrivent, à tenir leur crayon de telle façon qu'il ne glisse pas, ils présentent des cahiers tout aussi propres que ceux de leurs camarades. Et, moins crispés sur leur crayon, ils sont davantage attentifs au sens de ce qu'ils écrivent.

Pour aider un enfant gaucher :

- Placer le livre ou le brouillon à sa droite, de façon qu'il puisse l'observer sans avoir à tourner la tête pendant qu'il écrit.
- Incliner la feuille sur la droite.
- Lui faire bien positionner la main pour éviter le poignet tordu au-dessus de la ligne d'écriture, ce qui entraîne des crispations dans la main et le bras jusque dans l'épaule. La main se déplace sous la ligne et non l'inverse. Le crayon se trouve dans l'axe main-coude.
- Lui procurer des ciseaux à lames inversées, un taille-crayon avec un autre sens de rotation, et une règle pour tirer les traits de droite à gauche, le zéro étant placé à droite.

L'intelligence du corps

À l'école, on voudrait que l'enfant acquière les connaissances assis dans la plus parfaite immobilité, sans bouger autre chose que les mains pour manipuler ses cahiers et pour écrire. Or le corps peut faciliter la compréhension et la mémorisation. Combien d'enfants – mais aussi d'adultes – retiennent le code d'entrée de leur immeuble grâce aux mouvements faits par leur main. Il existe un sens du mouvement, véritable forme d'intelligence, que l'on appelle kinesthésique. Elle est responsable de tout ce qui a trait aux travaux et à l'apprentissage gestuels. Artisans, athlètes, danseurs ou encore chirurgiens l'ont développée et s'en servent dans leur travail. Elle est pour l'élève la capacité d'utiliser son corps, ou encore la sensation qu'il en a, pour apprendre, comprendre, mémoriser. À l'école, cette intelligence est délaissée quand elle n'est pas méprisée. Et pourtant, plus ou moins consciemment, les enfants l'utilisent pour rendre plus aisés les apprentissages.

L'écriture blanche

L'écriture blanche donne aux mots une existence corporelle. Aux élèves qui ont du mal à mémoriser l'orthographe des mots, on demande de les écrire avec la main dans l'espace pour que les lettres s'inscrivent durablement en eux. Il est d'ailleurs étonnant d'observer nombre d'adultes qui, cherchant une orthographe, font semblant d'écrire, retrouvant ainsi la présence d'une lettre muette ou d'une double consonne dont ils doutaient. Exercice salvateur pour les enfants en difficulté orthographique d'usage, mais aussi aide précieuse pour les autres confrontés à des mots difficiles : l'enfant prononce le mot, son après son, et ce faisant il le transcrit en lettres dans l'espace. Les mots s'écrivent alors dans sa mémoire.

L'apprentissage des nombres

L'apprentissage des nombres par les mains est une aptitude naturelle. Les enfants qui en sont empêchés ont, plus que les autres, du mal à se familiariser avec eux. Que veut dire 34 ? Comment représenter ce nombre pour l'enfant ? On le traduit en dizaines et en unités. 34 devient 3 dizaines et 4 unités. On écrit 34 et l'on dit 34, puis l'on montre 3 fois tous ses doigts ensemble, et on montre 4 doigts. On demande à l'enfant de faire de même.

> **Le saviez-vous ?**
> Plus un enfant est jeune, plus il lui est difficile de rester immobile et attentif.
> Donc ne pas demander l'impossible.
> Temps maximum : de dix à vingt minutes pour un enfant au primaire. De trente à quarante minutes pour un élève du secondaire.

La vue et la sensation des mains en mouvement jouent un rôle dans la représentation des quantités.

Sans avoir à compter, l'enfant peut dire combien de doigts sont représentés : la main est un groupement de 5. Les deux mains représentent 10, soit une dizaine.

L'enfant a une perception visuelle et concrète des dizaines. Assez vite, il peut se passer de la vision, il cesse de bouger les mains, il sent tout simplement ses doigts, il les imagine. À la suite de quoi il manie les nombres en se les représentant mentalement. Il peut devenir un as du calcul mental.

L'enfant aime le mouvement

On devrait penser à utiliser le mouvement dans l'apprentissage, surtout lorsque l'enfant se trouve confronté à des difficultés. Il élabore plus facilement des pensées efficaces dans le travail. Il entre dans l'abstraction grâce au mouvement, à l'orientation et à la spatialisation.

On incite un enfant à :

- Apprendre ses leçons en marchant de long en large. Le rythme de la marche impose un rythme à la pensée, l'enfant mémorise de façon plus dynamique la liste des dieux grecs ou sa poésie.

Est-ce vrai ?

On dit : « Quand on empêche certains enfants de bouger, on freine leur capacité à travailler. »

Oui. Les enfants à forte dominante motrice désirent faire une tâche en même temps qu'on la leur montre. Ils ont besoin d'expérimenter, de bricoler, de manipuler, de faire des essais. Ils ont besoin de toucher le livre qu'on leur lit. S'ils sont privés de mouvements, leur cerveau travaille au ralenti.

- Apprendre le système métrique en utilisant différentes parties de son corps. Les mains pour les petites mesures (cm, dm), les jambes pour parcourir l'espace (m, dam, hm).
- Apprendre les masses en les évaluant, en ressentant le poids d'objets qu'il prend en main, qu'il porte.
- Apprendre les nombres grâce aux doigts mais aussi à un boulier, à des billes ou à des petits cailloux.
- Apprendre la règle des accords au moyen d'un puzzle. On donne à l'enfant des cartons sur lesquels sont écrits des mots, des signes de ponctuation : à lui de reconstituer le puzzle, c'est-à-dire de retrouver la phrase correcte grâce aux accords, aux signes de ponctuation, aux majuscules. Il apprend aussi l'écriture des homonymes (*a* et *à*, *son* et *sont*, etc.).
- Se repérer sur une carte de géographie, son corps jouant le rôle de boussole. La tête est le nord, l'est, le bras droit, etc.
- Inventer des repères gestuels pour mémoriser ses leçons. L'enfant compte sur ses doigts le nombre d'idées principales d'un texte et les cite. Il mémorise les angles en ouvrant plus ou moins les bras.

- Bâtir et découper de grandes formes géométriques dans des feuilles de papier ou du carton. L'enfant construit les figures géométriques pour mémoriser leurs propriétés, pour les comparer et ne pas les confondre. Il change leur position, leur axe sur un plan.

La fatigue après l'école

Le soir, l'enfant se couche fatigué par sa journée de travail. Tous les parents le constatent. Mais comment nommer cette fatigue autrement qu'en l'alimentant d'exemples : énervement, agitation, pleurs, cernes, lenteur à se mettre à ses devoirs, rêverie, difficultés à s'endormir et troubles du sommeil ?

On peut parler d'un état de fatigue « trois en un ».

Tout d'abord, **la fatigue intellectuelle**, celle qui paraît le plus logique. Effort de concentration, de réflexion, travail d'écoute et de mémorisation, et cela des heures durant. L'équivalent du travail d'un adulte.

Tout aussi déterminante est **la fatigue nerveuse**. L'enfant vit le temps scolaire dans un état émotionnel inconfortable. Le professeur a parlé d'un contrôle, il est question de faire un problème de mathématiques, l'énoncé de l'exercice de grammaire est difficile à comprendre et il n'est pas certain qu'il sache s'en sortir. Ou c'est le cours d'anglais. Va-t-on lui demander de lire un texte à voix haute ? Lira-t-il assez vite ? Sans buter sur les mots compliqués ? Aura-t-il un bon accent ? Pour décompresser, se libérer du stress accumulé au cours de la journée, il faut au moins une bonne nuit de sommeil.

Question de parents

Comment gérer la fatigue des enfants ?

« Je ne comprends rien à ce que tu me dis, je suis fatiguée. » Léa, 7 ans
« Je travaille, je travaille et, à force de travailler, je n'arrive plus à réfléchir et je fais semblant de travailler. » Judith, 13 ans
« Si le professeur dit qu'on doit mettre une heure pour faire les exercices de maths, je les fais en une heure. Après, j'ai la tête libre. Avant je traînais, j'étais davantage fatiguée. » Savéria, 14 ans

Trop de choses à apprendre, pas le temps de travailler à leur rythme, de faire des pauses, c'est ce que disent à leur façon les enfants tout au long de leur scolarité. La meilleure façon de les aider est de leur apprendre à se donner des heures pour leurs devoirs, à s'y tenir et à ne pas déborder, à se concentrer, toutes choses qui leur donnent la possibilité de travailler vite et bien, et d'avoir la tête libre quand ils ne sont pas à leur bureau. L'impression de fatigue est alors moins forte.
Il faut veiller également à ce qu'ils trouvent une atmosphère tranquille au sortir de l'école et que la vie familiale soit suffisamment bien réglée pour n'avoir pas à les bousculer. Certains enfants accumulent à la fatigue scolaire celle de deux ou trois activités extrascolaires. Il s'agit alors d'alléger leur emploi du temps. De privilégier la plus déstressante.
Ne pas oublier surtout que la construction de l'enfant se fait aussi par des temps libres. Ne rien faire est aussi pour lui source de développement.

Se joint aux deux autres fatigues **la fatigue physique**, à laquelle on ne pense jamais. Comment un élève contraint à l'immobilité en souffrirait-il ? Contrairement à ce que l'on pourrait croire, cette immobilité, non voulue par lui, l'amène au fil de la journée à une tension musculaire, dans le dos et la nuque principalement. S'ajoute une tension de la main pour les plus petits et souvent les gauchers, qui doivent faire effort pour écrire bien et crispent la main, le poignet, le bras autour de leur crayon.

La fatigue, frein au travail de l'enfant

Cet état de fatigue « trois en un », qui est l'état habituel de l'élève, agit sur ses performances intellectuelles : moins d'éveil, d'attention, de possibilité de réfléchir, de se montrer curieux, de s'emparer de la connaissance, d'imaginer. Trop de fatigue, et l'esprit se vide, l'enfant se fait rêveur. À moins que le besoin de décharger ce trop-plein d'énergie ne soit tel qu'il gigote sur sa chaise, s'agite, dérange ses voisins et ne pense qu'à s'échapper. Il vit dans l'attente de la sonnerie qui met fin à sa journée d'école.

Le saviez-vous ?
La verticalité est la bonne posture du corps au travail. Le dos est droit : confort et fermeté. D'où moins de tensions, davantage de concentration.

Le travail ne peut se faire dans la crispation mentale et physique. Un lâcher-prise est nécessaire pour ouvrir les sens de l'enfant à ce qu'il lit, à ce que dit l'enseignant, à ce qui est écrit au tableau. Mais ce lâcher-prise ne signifie pas laisser-aller, avachissement ; il s'agit tout simplement d'une attention souple et tonique.

Le corps se tient droit, la poitrine est ouverte, le geste de la main qui écrit est vif et fluide. Tout cela devient naturel à partir du moment où l'enfant apprend à écouter son corps, à être attentif à ses sensations, à localiser et à libérer son souffle, et, les yeux fermés, à sentir ses muscles dans les tensions et les relâchements.

En rentrant de l'école, certains élèves aiment lire, apprendre les tables de multiplication ou une leçon de géographie, allongés sur leur lit. Si l'apprentissage se passe bien ainsi, inutile de changer leur habitude. Le cerveau peut se montrer inapte au travail parce que la main, le dos, la nuque sont fatigués.

Attention :

- Ne pas prolonger les séances de travail à la maison même si l'enfant est en difficulté, disons même surtout s'il est en difficulté.
- L'inciter à se détendre régulièrement grâce à des pauses. Il se lève, s'étire, fait quelques pas. Il bouge selon son envie, pendant quelques minutes, juste de quoi se vider d'un trop-plein d'énergie.
- Moduler les pauses en fonction de l'âge, des capacités à se concentrer. L'effort demandé doit être dosé. Le risque, si l'on n'y prend pas garde, étant d'atteindre le point de saturation qui pourrait se révéler point de non-retour. L'enfant sombre dans la démotivation, abandonne. Et remonter la pente, se remotiver, demande beaucoup de temps et d'énergie. Une pause entre un exercice de mathématiques et l'apprentissage du subjonctif est donc des plus profitables. Courte, elle permet de décompresser tout en maintenant un bon niveau de tension nécessaire à l'effort.

Question de parents

Que faire pour les enfants contraints à l'immobilité et au silence à l'école ?

« J'ai mal au dos tellement je suis assise. » Clémence, 8 ans
« Je ne vois pas pourquoi on m'interdit de parler, et le prof lui se lève quand il veut ! » Justin, 12 ans
« Ce n'est pas que je me sente mal au collège, je travaille très bien ; mais je ne comprends pas pourquoi on doit rester immobile et muet. » Thomas, 14 ans

Il est difficile pour les petits de rester à leur table de travail pratiquement tout le jour. Et même ceux à qui les apprentissages apportent valorisation et une sorte de plaisir se plaignent de cette immobilité et de ce silence imposés. La double contrainte, ressentie fortement au primaire, pèse aussi à de nombreux élèves du secondaire.
En classe, enseigner, c'est parler, et apprendre, c'est écouter ; alors, à la maison, on pourrait inverser les rôles. Si on proposait à l'enfant de travailler autrement, de raconter tout simplement ce qu'il a appris d'intéressant ce jour-là. Un enfant capable de dire non pas « J'ai fait du français » mais de résumer en trois mots l'essentiel de sa règle de grammaire est un enfant qui a compris son cours et qui, en le reformulant, le mémorise.
Et pourquoi serait-il alors obligé d'être assis à sa table de travail ?

- Veiller à une bonne hygiène de vie, c'est-à-dire prêter une attention au sommeil et à l'alimentation de l'enfant, et faire en sorte qu'il ait un minimum d'activités physiques. Une bonne santé facilite l'apprentissage. Elle permet d'utiliser ses capacités au mieux et, par là même, d'y trouver davantage de plaisir.

Les activités physiques essentielles à l'activité intellectuelle

Il y a de bonnes raisons de faire du sport, de la danse ou encore du yoga. Tout d'abord, en période de croissance, ces activités musclent, développent l'agilité et la souplesse. Alliées à un bon régime alimentaire, elles assurent l'équilibre physique. Elles canalisent l'énergie, effacent les tensions, facilitant ainsi le sommeil.

Psycho

Le blocage

Quand un enfant est envahi par l'émotion (« Je suis nul, jamais je n'y arriverai, je vais encore rater », etc.), il est dans l'impossibilité de travailler. Il surmonte le blocage à partir du moment où il se focalise sur sa respiration. Il ferme les yeux et se concentre sur ses inspirations – son ventre se gonfle –, sur ses expirations – son ventre se dégonfle –, cela pendant deux minutes. Ce faisant, il se vide la tête des pensées négatives et oxygène son cerveau, qui retrouve alors les moyens de comprendre, de réfléchir ou de mémoriser.

Par ailleurs, elles aident à lutter contre le stress en dénouant le corps crispé par la position immobile imposée en classe (gymnastique, yoga, natation), en défatiguant grâce à la respiration, la relaxation (yoga, danse). Elles font travailler la concentration (tir à l'arc, escalade), donnent le goût de l'effort (danse), de l'endurance (course), apprennent à utiliser des stratégies (sports d'équipe). Elles permettent, plus facilement que dans le champ scolaire, de relativiser échecs et performances (sports d'équipe). Elles poussent à se surpasser.

L'enfant apprend à connaître ses points forts, qu'il peut transférer dans les apprentissages scolaires, ou encore ses faiblesses qu'il peut, une fois analysées, contrer dans sa façon de travailler.

Encore faut-il que cette activité physique soit motivée par le désir de l'enfant. Rien n'empêche de l'encourager mais, en aucun cas, elle ne doit être vécue comme une contrainte. Rien de pire que le diktat parental : « C'est bon pour la santé, d'ailleurs il n'est pas question que tu restes toute la journée à la maison sans rien faire. » Car il importe que l'enfant ait des moments où il ne fait rien. Les activités scolaires et extrascolaires ne doivent pas lui prendre tout son temps. Il garde des moments pour lui et, s'il ne veut rien en faire, c'est sa liberté. Car, au fond, il ne fait jamais « rien ». Dans sa tête, il se construit. Aux parents de veiller à la qualité, à la diversité de ce qu'ils proposent à l'extérieur mais aussi au sein de la maison.

Nourrir harmonieusement le cerveau

Quoi de plus logique que de bien nourrir le cerveau si l'on veut qu'il soit performant ? Pour cela, il faut lui apporter les éléments nécessaires à son fonctionnement : oxygène, sucres, acides aminés, vitamines, acides gras, oligoéléments et minéraux.

Des études concordantes ont mis en évidence un lien étroit entre l'alimentation, l'équilibre émotionnel et le bon fonctionnement du cerveau. Les capacités cognitives, les performances intellectuelles, la mémorisation ainsi que les capacités d'apprentissage dépendent d'une quarantaine de substances différentes et complémentaires. Un grand nombre d'entre elles ne pouvant être synthétisées par le corps, elles doivent être apportées par l'alimentation, d'où l'importance d'une nourriture équilibrée et variée.

Malgré son faible poids (moins de 2 % de la masse corporelle), le cerveau est très exigeant. Travaillant jour et nuit, il absorbe à lui seul près de 20 % de l'énergie alimentaire et de l'oxygène consommés par l'organisme.

Les repas sont pris à heures fixes, sans sauter ni le petit déjeuner ni le goûter. Le cerveau supporte mal les à-coups et les variations de grandes amplitudes, comme la baisse du niveau en sucre dans le sang liée au manque d'ingestion de sucres lents (pains, céréales, pâtes...) ou la consommation excessive de sucres rapides (bonbons, viennoiseries, sodas). La baisse de vigilance de 11 h est due à l'absence du petit déjeuner ou à son mauvais équilibre. Les sucres lents donnés le matin à l'enfant contribuent à améliorer pour la journée le travail de la pensée et la mémorisation. Le soir, ils donnent au cerveau le carburant nécessaire pour son travail de nuit : stocker et classer ce qui a été appris dans la journée.

Psycho

Peau d'enfant, peau d'élève

Le petit déjeuner et le goûter sont des moments plus capitaux qu'on ne l'imagine : ils servent de transition entre la maison et l'école. Le matin, on laisse à l'enfant le temps de sortir de sa nuit et d'entrer dans sa peau d'élève. Au sortir de l'école, on le laisse oublier pour un moment sa peau d'élève. On évite la précipitation, les questions stressantes.

Pour le reste, fruits et légumes frais en abondance, poisson, viande, œufs, produits laitiers, fruits secs. Varier les menus. L'équilibre entre les lipides, les protides et les glucides est le même qu'aux autres âges de la vie.

Manger équilibré, certes. Mais boire aussi de l'eau sans attendre d'avoir soif. Le cerveau est immergé dans le liquide céphalo-rachidien qui apporte les substances nutritives et élimine les toxines dues à l'activité des neurones. S'il manque d'eau, le cerveau n'est pas suffisamment alimenté et les toxines sont mal drainées. Le résultat est une fatigue, une diminution des capacités intellectuelles bien réelles.

Le sommeil réparateur

Le sommeil est ce qu'il y a de plus réparateur quant à la fatigue. Un élève de primaire a besoin de neuf, dix heures pour récupérer, et les adolescents de pas beaucoup moins. En réalité, ces derniers ont plutôt tendance à dormir moins de huit heures par nuit. Rien d'étonnant à ce qu'ils tentent de se rattraper dès qu'ils le peuvent, en faisant de longues grasses matinées. Le sommeil des adolescents est insuffisant. L'ordinateur, la télé, le MP3, le téléphone, les jeux vidéo retiennent leur attention, les tenant éveillés : le sommeil n'est pas ressenti par eux

> **Le saviez-vous ?**
> Les heures de sommeil en matinée ne sont pas aussi bénéfiques que celles du début de nuit et le sommeil perdu ne se remplace pas vraiment.

comme une priorité. Résultat, les horaires, la qualité et la durée de leur sommeil ne sont pas idéals pour développer une forme physique et intellectuelle compatible avec la scolarité. Ils somnolent dans la journée – sans même parfois en être conscients – avec pour résultat des capacités d'apprentissage affaiblies.

La somnolence en classe est responsable :

- des troubles de l'attention, de la concentration ;
- des réactions lentes, inadaptées, voire absentes ;
- des difficultés à s'investir dans le travail ;
- des difficultés à la réflexion ;
- des diminutions des performances intellectuelles ;
- des défauts de mémorisation.

S'il n'est pas trop difficile de mettre un jeune enfant au lit à des heures raisonnables, cela se révèle plus complexe avec un adolescent. Il dort trop ou pas assez et les parents, inquiets pour ses performances scolaires, finissent par s'affronter à lui. Mais pourquoi cet acharnement à se décaler ainsi des rythmes familiaux ? Pourquoi a-t-il besoin de repousser sans cesse le moment de se coucher ? Se différencier de ses parents, c'est accéder au monde des adultes, mais des adultes qui ne seraient pas ceux qu'il connaît. Un monde sans contrainte, sans habitude. Donc tourner définitivement le dos à l'enfance, se coucher tard et vivre la nuit, loin de sa famille, enfermé dans sa chambre avec sa musique, ses jeux, ses amis joints

Le saviez-vous ?
La lutte contre les endormissements en classe et à la maison se manifeste souvent par de l'agitation, de l'instabilité ou de l'énervement.

au téléphone ou via Internet. Résister au sommeil, c'est pour lui exister.

Ces perturbations du sommeil chez l'adolescent, si elles sont objectivement gênantes pour le travail scolaire, sont inhérentes à cette étape de la vie. Alors que faire pour ne pas se montrer laxiste ou braquer l'adolescent en lui imposant des horaires trop contraignants pour lui ?

Après quelques jours de vacances, on peut prêter attention aux heures auxquelles il se couche et à celles de son lever : cela devrait indiquer le nombre d'heures qui lui sont habituellement nécessaires. On a alors de quoi négocier avec lui des horaires adaptés – négocier et non imposer.

La chronobiologie et les rythmes scolaires

Grâce aux recherches faites en chronobiologie, on dispose depuis quelques années de connaissances précises sur les rythmes biologiques et psychologiques qui devraient permettre de décider d'horaires adaptés à l'enfant et à l'apprentissage. Au cours de la journée fluctuent pour tous la réceptivité, l'attention, la mémoire. Il existe, scolairement parlant, de bons et de mauvais moments.

L'enfant au primaire passe six heures par jour à l'école ! Si l'on compte une demi-heure de devoirs à la maison, on arrive à vingt-sept heures de travail hebdomadaire. Au secondaire, on passe à vingt-cinq ou vingt-huit heures de présence scolaire active, suivies de quelques heures de travail à domicile. Il faudrait ajouter à cela le temps mis pour se rendre à l'école et en revenir, le temps bousculé de celui qui déjeune à la cantine, sans possibilité de détente et de calme. Sans oublier les heures des activités musicales et sportives – parfois peu désirées – ni celles des cours particuliers. Le rythme est difficile à tenir. Médecins et chercheurs s'accordent à dire que ces journées sont trop longues, d'autant plus si l'enfant rencontre des problèmes dans sa scolarité.

Bons et mauvais moments

Longueur de la journée, donc. Mais aussi horaires mal adaptés qui ne tiennent pas compte des besoins de l'enfant, de son intérêt. L'enfant n'a pas le temps de terminer naturellement sa nuit, il lui faut se bousculer pour aller à l'école. Là il manque d'attention, la première heure étant un moment de baisse de vigilance. Toutes les études le montrent : il n'est pas réceptif en début de matinée.

> **Le saviez-vous ?**
> Bâillements, corps avachis, yeux qui se ferment, lenteur, difficulté à répondre aux sollicitations de l'enseignant, voilà ce que l'on peut noter chez 70 % des enfants entre 8 h et 9 h.

Le matin, il faut plus d'une demi-heure aux enfants pour devenir attentifs et disponibles, et bien une heure à ceux qui sont en difficulté ou en déficit de sommeil – et ces derniers sont nombreux.

Des activités pourraient être proposées aux petits, qui ne soient pas l'apprentissage des matières dites fondamentales (maîtrise du langage oral, lecture, écriture, calcul et mathématiques). Elles les amèneraient à l'imagination, à la curiosité, à la culture, et pour cela ils ne seraient pas assis immobiles et silencieux face à un maître. Cette première heure de la journée utilisée ainsi servirait à mobiliser en douceur l'attention et les ressources intellectuelles. Quant aux élèves du secondaire, on pourrait également veiller à leur élaborer un emploi du temps qui tienne compte des recherches en chronobiologie. Et éviter de leur mettre deux heures de mathématiques le lundi matin à 8 h, au prétexte erroné qu'ils ont eu tout le week-end pour se reposer.

> **Le saviez-vous ?**
> La dépense musculaire et mentale liée à un travail prolongé nuit à la concentration. D'où l'importance de travailler régulièrement. De travailler peu mais bien.

Il y a cette première heure dans la matinée, peu favorable au travail qui nécessite de la réflexion. Un autre mauvais moment est pointé par les chercheurs : il se situe en tout début d'après-midi.

Il faudrait donc occuper les moments où la vigilance est la meilleure aux apprentissages et activités qui demandent le plus d'effort mental, le plus de concentration : milieu et fin de matinée. À ces moments-là, l'attention est bonne, la mémorisation, la compréhension, la réflexion plus rapides. L'après-midi, au-delà de 15 h, est également un bon moment – sauf pour les plus petits.

Et à la maison ?

L'élève souffre tout au long de sa scolarité d'une fatigue qui correspond à une désynchronisation entre son rythme biologique et les contraintes scolaires. Comme son corps ne parvient pas à s'autoréguler, il souffre des changements de rythme dus à des couchers tardifs, aux réveils difficiles du lundi, aux grasses matinées du week-end, à la surcharge de travail (semaines de contrôles), aux changements saisonniers d'horaire.

Par ailleurs, comment, avec la densité des journées scolaires, un élève ne serait-il pas fatigué ? Comment, avec l'importance donnée aux fondamentaux au détriment d'activités de découverte et d'expression, de travail de recherche personnelle, ne serait-il pas tendu parfois, démotivé ? Comment pourrait-il être suffisamment réceptif et disponible tout au long de l'année pour bien comprendre et apprendre ? Que peuvent faire les parents pour ne pas rajouter à cette fatigue ?

Il n'existe pas contre la fatigue scolaire d'autre remède efficace qu'une bonne hygiène de vie, à laquelle on doit être attentif. Et cette hygiène de vie, c'est aussi oublier l'élève qui a parfois tendance, dans la tête des parents, à prendre la place de l'enfant. On ne focalise pas tout sur le scolaire. On réduit au minimum le travail à la maison : dix minutes devraient largement suffire pour les plus petits et une heure pour les adolescents. On passe chaque jour du temps avec l'enfant et non avec l'enfant-élève. On le laisse évacuer son trop-plein d'énergie, même s'il est un peu bruyant, s'il parle fort, s'il prend beaucoup d'espace dans la maison en allant d'un endroit à un autre, on le laisse

> **Le saviez-vous ?**
> Dans une même famille, le rythme des mouvements est différent. Aussi, autant que possible, on personnalise, pour chacun des frères et sœurs, temps de travail, pause et repos.

– raisonnablement – retrouver la liberté de son corps. On donne du temps à une occupation régénérante : activité physique, bricolage, jeu. On passe un moment à faire ensemble, à lire, à parler. On l'amène doucement au repos mental. On l'aide à retrouver sa peau d'enfant.

Les règles d'or

- Travailler en tenant compte du rythme biologique
- Veiller au sommeil, réparateur de la fatigue intellectuelle
- Pratiquer une activité physique pour un équilibre harmonieux
- Manger équilibré et régulièrement pour un bon fonctionnement du cerveau
- Gérer le petit déjeuner pour éviter le coup de pompe de 11 h
- Faire de courtes pauses au cours de l'apprentissage
- Ne pas prolonger les séances de travail à la maison
- Donner du temps à une occupation régénérante
- Apprendre en marchant pour dynamiser la pensée
- Apprendre en se servant de ses doigts, de ses mains, de son corps

4

DE L'ATTENTION À LA MÉMOIRE

En passant par la concentration

« Fais donc attention ! » « Comment veux-tu apprendre si tu ne te concentres pas ? » « Tu n'écoutes pas, je te l'ai dit déjà dix fois. » Ces remarques reviennent comme des leitmotive le soir, lorsque l'enfant fait ses devoirs. À l'école, ce sont les mêmes remarques, qu'elles soient entendues lors des réunions de parents ou qu'on les relève sur les bulletins : « Difficulté de concentration », « Travaillerait mieux s'il était plus attentif », « Dissipé, n'écoute pas en cours ».

> **Le saviez-vous ?**
> On retient 5 % de ce que l'on entend,
> 20 % de ce qu'on lit,
> 80 % de ce que l'on fait,
> 90 % de ce qu'on est capable d'expliquer.

Observations banales en quelque sorte, mais dont les parents démunis ne savent que faire, conscients en réalité de leur importance. L'attention n'est-elle pas la porte d'entrée de l'apprentissage ?

Être attentif

Être attentif, c'est mobiliser ses cinq sens pour recevoir et sélectionner les informations dont on a besoin.

On est dans un acte mental et volontaire. On investit de l'énergie là où c'est utile, et seulement là.

Un enfant attentif a une posture tonique, un regard présent. Son corps est éveillé, tout comme son esprit. Il est tendu vers un objectif qui est de s'emparer de ce qu'il lit, de ce qu'il voit ou de ce qu'il entend. Son esprit est disponible. Il est sans tension, mais dans un acte de volonté.

Une attention à trois temps

Un professeur explique une règle de grammaire. Que fait l'élève ? Averti que quelque chose se passe, il se désengage de ce qui l'occupait jusque-là. Il se ferme aux parasites : bruits, pensées, paroles échangées par des copains. Il resserre son attention sur l'explication du professeur. Il se l'approprie, l'enregistre.

Pour être attentif :

- L'enfant se rend disponible, s'ouvre à ce qu'il entend, voit ou à ce qu'il lit.
- Il accueille la connaissance dans un lieu mental, appelé la mémoire.
- Il se ferme à tout le reste. Il se focalise sur cette connaissance.

Être attentif dépend du travail à accomplir et nécessite donc une anticipation. **On n'est pas attentif sans raison**. Quelque chose interpelle et, si l'on s'y arrête et que l'on mobilise son énergie, c'est dans un but précis.

Savoir que faire de son attention

Un élève attentif suit sur le tableau les explications de son professeur de maths dans le but de savoir faire le calcul des pourcentages ; il écoute son professeur d'anglais dans le but de prononcer les phrases correctement. Un élève attentif lit sa leçon de géographie dans le but de la comprendre et de la mémoriser.

> **Le saviez-vous ?**
> L'attention d'un très jeune enfant est spontanée, c'est-à-dire qu'il est tout simplement réceptif aux stimuli qui lui parviennent. Puis il se montre capable d'une attention volontaire, nécessaire à l'apprentissage intellectuel. Cette attention, qui demande un effort, croît au fil du temps et arrive à son maximum vers l'âge de quinze ans.

Il est dans une **intention** d'apprendre au moment où le cours commence, quand il s'installe à sa table de travail. Il sait ce qu'il a à faire de la connaissance que va lui apporter le professeur, comment la faire sienne, dans quel but. Il sait que faire de son attention.

Si l'enfant apprend une leçon de sciences, il est attentif pour la comprendre et la mémoriser. S'il apprend les tables de multiplication, il les lit, les répète, pour les savoir dans n'importe quel ordre et pouvoir les utiliser dans les multiplications et les divisions. Il est concentré pour répéter et mémoriser.

Moduler son attention

L'attention doit être nuancée et modulée en fonction des circonstances.

Pendant l'heure de cours, un élève ne peut maintenir son esprit au même niveau d'attention. Le pourrait-il que ce serait tout à fait inutile. Il module son attention en fonction de ce qui se passe dans la classe.

- L'enseignant rend des devoirs, l'élève est alors dans une attention légère, de même quand il écrit dans son agenda ce qu'il a à préparer pour le cours suivant.
- Il renforce un peu son attention quand l'enseignant corrige un exercice qu'il maîtrise, ou revient sur une leçon dont il se souvient. Il est en éveil pour le cas où une information oubliée ou nouvelle serait apportée.
- Lorsque l'enseignant aborde un cours d'histoire, explique une règle ou encore fait la démonstration d'un théorème, l'élève module son attention à son haut niveau.
- L'élève maintenant écoute une explication sur des erreurs qu'il fait, un savoir auquel il n'a rien compris : il se concentre, c'est-à-dire qu'il centre son attention sur ce que dit l'enseignant. Il a fermé son esprit à tout ce qui pourrait le distraire.

La concentration, une attention soutenue

La concentration est l'attention soutenue qu'un enfant porte à son travail, attention que rien n'interrompt. Elle dépend de son intérêt. Tout comme du plaisir qu'il trouve à ce travail, de sa motivation, de la réussite qu'il croit possible.

À l'inverse, sa passivité, le stress, la répétition de la tâche et sa monotonie la perturbent grandement.

L'effort demandé à l'enfant varie en fonction de la complexité du travail :

- **Acquérir de nouvelles connaissances** est ce qui demande le plus de concentration : il s'agit pour lui de comprendre les explications du professeur et non pas seulement de les suivre.

- **Mettre en application ces connaissances** dans les exercices faits en classe, les devoirs à la maison, mobilise encore beaucoup d'énergie. Ce que sait l'enfant n'est pas parfaitement maîtrisé, il hésite, fait des erreurs, revient au cours.
- **Se servir de connaissances** comprises et mémorisées est le travail le moins exigeant au plan de la concentration : l'enfant a automatisé une partie du savoir.

Question de parents

Que dire à un enfant qui ne sait pas comment faire pour être attentif ?

« Je suis toujours sage à l'école, mais je n'ai pas beaucoup de bonnes notes. » Charlotte, 9 ans
« Papa me dit de bien faire attention à mes leçons, de faire un effort, mais ça ne m'aide pas beaucoup. » Julie, 10 ans
« Pour être attentif, moi, j'écoute. » Nicolas, 11 ans

Il faut parler avec l'enfant de ce que signifie « être attentif ». Pour lui, être attentif, est-ce être calme et écouter le professeur ? Si c'est ce qu'il croit, il se trompe. Certes, il est de bonne volonté, mais ce n'est pas suffisant. Son attitude n'a pas grand-chose à voir avec l'attention.
Donc interroger l'enfant précisément : « Que se passe-t-il quand tu écoutes ton prof ? Est-ce que tu suis la leçon de géographie pour comprendre ce que dit le professeur ? Est-ce que tu suis l'exercice de maths au tableau en sachant que tu auras à en refaire un plus ou moins identique ? Quand tu apprends une leçon d'histoire ou de physique, est-ce que tu la reformules avec tes mots ? » Etc.
Ce sont ces questions qui indiquent à l'enfant ce que doit signifier pour lui « être attentif ».

Quand on travaille avec l'enfant :

- On varie la façon de revenir sur une explication afin d'éviter la monotonie, de créer la surprise.
- On ne prolonge pas une séquence de travail même si tout n'a pas été fait.
- On ne raccourcit pas les pauses au prétexte qu'il y a beaucoup de travail : sans ces pauses, il est illusoire d'exiger une quelconque concentration.

Se concentrer, une habitude à prendre

L'attention idéale dans le travail scolaire est celle qu'a un enfant lorsqu'il est passionné, absorbé par ce qu'il fait. Rien ne l'en détourne. Il n'entend pas ce qui se passe autour de lui. Il ne voit pas le temps passer.

Est-ce vrai ?

On dit :
« La concentration est facilement influençable. »

Oui, plusieurs facteurs la fragilisent, notamment la fatigue, le manque de sommeil, l'état anxieux ou dépressif, et la consommation d'alcool ou de cannabis.

Cette attention lui permet d'apprendre, de comprendre, de mémoriser, de réfléchir et de faire tout travail de créativité.

Mais là, nous parlons d'un idéal dont sont loin les élèves. La plupart de ceux qui consultent pour des problèmes scolaires le font parce qu'ils éprouvent des difficultés à se concentrer.

Se concentrer est une habitude à acquérir.

L'enfant fait ses devoirs assis à une table sur laquelle rien ne peut le distraire. Grâce à sa montre, il est conscient du temps pendant lequel il parvient à se concentrer. Quand il est distrait par des pensées et qu'il n'arrive plus à être attentif, il se lève et quitte sa table pour un court moment. De même quand il fait une pause. Il ne se lance pas dans un jeu vidéo, n'allume pas la télévision, ce qui l'empêcherait de retrouver facilement sa concentration.

Il essaie, peu à peu, de densifier le temps, c'est-à-dire de se donner moins de temps pour accomplir un travail. Il apprend ainsi à laisser peu de chance à la distraction.

Tant qu'il est dans une séance de travail, assis à sa table, il ne pense à rien d'autre.

Dans le cas où, pour apprendre ses leçons, il a besoin de marcher de long en large, il quitte la pièce quand il n'arrive plus à être attentif et il y revient une fois la pause terminée.

En délimitant un espace, en apprenant à donner de l'importance au temps, il apprend à se concentrer.

Un enfant qui a du mal à se concentrer peut en prendre l'habitude si on multiplie les exercices minutés. Dans un premier temps, pour ses devoirs, on le fait travailler en plusieurs séquences intenses mais de courtes durées. Puis, quand son esprit est moins facilement distrait, on le fait progressivement passer à des séquences plus longues.

Arrivé au secondaire, un adolescent peut fournir un travail intellectuel de trente à quarante minutes sans que son esprit s'évade trop souvent. Le plus difficile est la mise en route. S'il parvient à se concentrer une dizaine de minutes, c'est gagné.

Question de parents

Comment aider un enfant qui a du mal à se concentrer au cours d'un travail ?

« Je voudrais travailler mais je suis une rêveuse. » Mathilde, 14 ans
« J'ai peur de ne pas aller dans la même école que mes copains, alors j'y pense tout le temps, et cela m'empêche de bien travailler. » Romain, 12 ans
« J'écoute, mais pas longtemps. » Léon, 7 ans

Quand un enfant est dans la lune, donc incapable de se concentrer, on l'incite à se lever et à terminer sa rêverie debout, avant de se remettre au travail.
Dans le cas où ce sont des inquiétudes, des préoccupations qui nuisent à son travail, on lui conseille de poser le problème par écrit et de déterminer un moment où il y reviendra.

Maîtriser son attention

S'observer quand on travaille

L'enfant note la durée de son attention pendant qu'il écoute ou qu'il lit. Il s'observe aussi selon qu'il est dans un travail qui réclame la mémorisation, la compréhension ou encore la réflexion. Il observe son attention à l'œuvre selon la matière, l'intérêt qu'il lui porte, sans oublier le lieu et le moment de la journée.

Psycho

Découragé

Un enfant peut se décourager parce qu'il a l'impression de chercher sincèrement à se concentrer sur une tâche, de faire des efforts et de ne pas y arriver. Il a l'impression, en raison des pensées qui l'assaillent, que tout lui échappe et qu'il n'y est pour rien.

Cet enfant doit avant tout être rassuré. On peut lui dire que pour les adultes, ce n'est pas simple non plus. Les parents lui avouent qu'ils sont souvent détournés de ce qu'ils font par des pensées vagabondes ou par des soucis qui les préoccupent, mais qu'ils parviennent à se concentrer lorsque la tâche est importante. Ils lui apprennent à repérer les tâches qui demandent le plus de concentration, à moduler son attention grâce à des jeux (jeu de cartes, dames, échecs). Ils le font travailler à ses devoirs en séquences très courtes et très intenses.

L'enfant s'observe, son objectif étant de prendre conscience des moments où il décroche du travail pour parvenir à raccrocher au plus tôt. Plus vite il se rend compte en classe qu'au lieu d'écouter son professeur, il s'est mis à rêver, plus vite il peut remobiliser son attention et se mettre en position d'écoute et de compréhension. Plus vite, à la maison, il s'aperçoit que la voix de sa sœur l'a tiré de son travail, plus vite il est à même de retourner à sa copie, à moins qu'il ne choisisse de faire une pause.

L'enfant analyse les messages qui lui traversent l'esprit après qu'il s'est assis à sa table. Certains – tels « C'est dur », « Je ne vais pas réussir » ou « Je ne comprends rien » – sont démotivants et favorisent les décrochages.

Attitudes positives :

- Inciter l'enfant à estimer le temps nécessaire à un travail, puis à le réduire raisonnablement.
- L'encourager à s'en tenir toujours à une même durée pour ses séquences de travail.
- L'aider à repérer ce qui le fait décrocher.

Utiliser des stratégies pour gagner en autonomie et en efficacité

Après s'être observé en train de travailler, l'enfant module son attention en classe, il cherche, s'il en a l'occasion, une place pour être le moins distrait possible.

À la maison, il choisit l'environnement, les heures qui lui conviennent le mieux. Il décide de ses heures de sommeil.

Il organise ses devoirs et ses leçons selon leur exigence au plan de la concentration.

Il utilise des stratégies de lecture pour être certain de ne pas se laisser distraire, comme souligner les mots importants ou écrire dans la marge les mots-clés résumant un paragraphe.

Il utilise des stratégies d'écoute : griffonner, malaxer sa gomme ou encore fermer les yeux ou poser son regard sur une surface neutre.

Le saviez-vous ?
Une bonne façon d'exercer la mémoire est la lecture. Elle met en jeu des opérations utiles à la mémoire, tels l'attention, la construction de sens, le stockage d'informations et leur organisation.

Il apprend à contrer les messages négatifs qui le distraient de son travail en les remplaçant par des images/souvenirs de réussite.

Est-ce vrai ?

On dit : « Plus un enfant est détendu, mieux il se concentre. »

Oui, il n'est qu'à voir le nombre d'enseignants qui intègrent dans leur pratique pédagogique la relaxation, la gestion du souffle tirée du yoga ou encore la visualisation. Elles favorisent les premières étapes de l'apprentissage que sont la concentration et la mémorisation.

La mémoire, au cœur de l'apprentissage

Au-delà de l'effort d'écoute ou de lecture, l'attention implique un travail intérieur pour s'emparer des connaissances et les enregistrer. Ce travail, l'attention et la mémoire le partagent. La mémoire participe à la construction du savoir à toutes les étapes.

Il n'y a de compréhension possible, de raisonnement, de créativité que si l'enfant stocke des connaissances et qu'elles sont facilement à disposition quand il veut les retrouver.

Il n'y a pas d'apprentissage qui ne passe par la mémoire. Pas d'intelligence.

La mémoire, comment ça marche ?

La comparaison la plus simple est sans doute celle d'une vaste bibliothèque où sont entreposés des centaines de milliers de livres.

> **Le saviez-vous ?**
> Remédier à un trou de mémoire.
> Pour contrecarrer un trou de mémoire lors d'un contrôle, il faut tout d'abord retrouver son calme : on respire lentement en fermant les yeux ou encore en posant son regard sur une surface neutre, on laisse son regard dans le vague.
> Enfin, si le trou noir n'a pas disparu, on note au brouillon les mots qui viennent à l'esprit. Un mot en entraînant un autre, il est fort probable qu'un mot-clé ravive la mémoire.

L'attention, c'est un peu le chariot qui, de l'entrée de la bibliothèque, amène dans une première salle les livres qui ont été sélectionnés.

Dans cette salle de travail, les livres sont traités, c'est-à-dire qu'ils sont triés, étudiés. Quels sont ces livres ? Sont-ils utiles ? À quoi vont-ils servir ? Où va-t-on les classer ? En compagnie de quels autres livres ?

Les livres ne restent qu'un très court moment dans la salle de travail, car déjà le chariot en amène d'autres à traiter.

Les livres sont stockés dans une deuxième salle immense, un lieu de conservation. Mais, bien entendu, ils sont stockés de façon à être retrouvés facilement. Ils sont là pour des mois, des années, on pourrait dire pour toujours.

Revenons à la salle de travail au moment où arrive du dehors une livraison de livres et où l'on se demande quels sont ces volumes inconnus. Un seul moyen de le savoir, c'est d'aller dans le stock en consulter d'autres, connus ceux-là. Et c'est la raison pour laquelle, dans la salle de travail, on trouve tout à la fois des livres tout frais venus et d'autres plus anciens, sortis de la salle de conservation pour un petit moment. Une fois examinés, étudiés, les livres trouvent donc une place dans le stock. Mais c'est une place encore provisoire, car ils reviennent plusieurs fois dans la salle de travail pour que l'on poursuive leur examen. Ceux qui auront été traités à la légère seront égarés on ne sait où dans la salle de conservation ou même jetés dehors.

Après plusieurs allers et retours dans la salle de travail, où ils sont comparés à d'autres livres, ils sont classés définitivement. Et, à leur tour, ils servent à comprendre des livres nouveaux.

La bibliothèque est toujours en grande activité, en changement perpétuel : on classe et reclasse les volumes en fonction des nouveaux arrivés.

La bibliothèque, c'est la mémoire. Il existe deux types de mémoire qui diffèrent par leur travail et la longévité de conservation des connaissances. Les informations qui passent par les cinq sens arrivent dans une mémoire transitoire. Là, elles s'effacent rapidement, à moins qu'elles ne soient traitées puis stockées dans la mémoire à long terme.

Mémoire à court terme

Cette mémoire transitoire – la salle de travail de notre bibliothèque – contient deux sortes d'informations : celles que viennent de lui transmettre les sens grâce à l'attention, et celles empruntées à la mémoire permanente pour comprendre et traiter les nouvelles arrivées. La mémoire transitoire garde un moment les éléments nécessaires à réaliser un travail.

L'élève l'utilise en classe pour comprendre ce que dit l'enseignant, pour faire une dictée, un exercice de physique ; il l'utilise à la maison quand il apprend une leçon d'histoire, qu'il fait un problème de mathématiques.

Dans cette mémoire, l'information est assimilée, le sens se construit.

Mais cette mémoire est éphémère. Elle dure de quelques minutes à quelques heures à peine. Et si l'élève ne transfère pas ce qu'il vient d'apprendre dans sa mémoire permanente, il en aura oublié plus de la moitié le lendemain.

Le saviez-vous ?

Un élève capable de répéter ce que vient de dire le professeur n'est pas forcément un élève qui l'a écouté et a mémorisé son propos.

Un élève distrait peut répéter la dernière phrase : elle se trouve dans une mémoire éclair, grâce à laquelle il a mémorisé des mots qui vont s'effacer quelques secondes après. Il ne peut résumer ce que le professeur a dit cinq minutes auparavant : il ne l'a pas enregistré dans sa mémoire à court terme. Cette mémoire éclair permet de copier une phrase dictée par le professeur ou de retenir deux ou trois nombres, juste de quoi faire un calcul mental.

Il peut se former des « bouchons » dans la mémoire de travail. Elle sature quand on tente d'y mettre trop de choses à la fois. D'où l'importance d'automatiser des savoirs afin que l'esprit reste libre pour d'autres activités. Également de laisser place au silence, qui permet de mémoriser les nouvelles données.

On travaille avec l'enfant par courtes séquences entre

lesquelles on installe le silence qui lui permet d'intério-riser. Aussi, savoir ce que l'on va expliquer à l'enfant et comment ne suffit pas, il faut être conscient du rythme du travail qui doit lui permettre d'enregistrer et non pas seulement d'écouter. L'enfant est dans l'incapacité d'apprendre sans des arrêts, sans silences, sans un espace où sa pensée peut rejoindre la pensée de celui qui enseigne.

Attitudes positives :

- On s'arrête de parler après chaque information importante pour permettre à l'enfant de bien enregistrer et de faire place nette pour la suivante.
- On l'incite à s'arrêter régulièrement quand il lit pour qu'il enregistre ce qu'il a lu.
- On lui demande de fermer les yeux après chaque donnée-clé d'une leçon et de prendre le temps de la mémoriser avant de poursuivre.

La mémoire permanente

La mémoire à long terme – la salle de conservation de la bibliothèque – n'est en principe limitée ni par le temps ni par l'espace. La seule difficulté n'est pas tant d'y mettre des choses que de les y retrouver quand on en a besoin.

Cette mémoire est celle des acquis, installés pour certains depuis des années. Elle se réactive grâce à la répétition, à l'utilisation des connaissances emmagasinées.

Le saviez-vous ?
On va à l'essentiel dans ses explications. Une masse d'informations pourrait saturer la mémoire de travail de l'enfant.

Sans elle, il n'y aurait ni compréhension ni raisonnement possibles puisque l'on comprend, réfléchit et même imagine en partant de ce que l'on connaît déjà.

L'accès à cette mémoire n'est pas direct, on passe toujours par la mémoire de travail, qu'il s'agisse d'entreposer de nouveaux savoirs ou de retrouver, plus ou moins consciemment, un savoir ou un souvenir anciens.

Nécessité de la répétition

Qu'est-ce qui fait qu'une donnée entrée dans la mémoire à long terme se conserve intacte et que l'enfant peut l'utiliser lorsqu'il en a besoin ?

Le plus important est que le passage dans la mémoire à court terme ait été suffisamment efficace. Plus la donnée y est revenue, meilleures sont ses chances de s'inscrire durablement. D'où la nécessité de la répétition.

Il ne suffit pas de comprendre pour apprendre ; par la répétition, l'enfant réactive le savoir pour l'ancrer dans sa mémoire. Apprendre ainsi est d'autant plus nécessaire que la leçon est complexe et que l'effort demandé est important.

Astuce

Pour augmenter l'envergure de la mémoire de travail, on demande à l'enfant de mémoriser des suites de nombres ou de mots. Il les écrit dans sa tête tout en les prononçant. À la suite de quoi, il doit les énumérer.

• Retour après l'apprentissage

Dans l'heure qui suit, le cerveau est au mieux pour un premier retour sur ce qui a été appris.

L'enfant ne répète pas tout. Il revient sur les idées principales, il fait un résumé, un schéma, il retrouve une définition, une règle ou un exemple.

Et ce travail, c'est à lui de le faire.

Ce retour devrait se pratiquer à la fin de chaque cours, et à la fin d'une séance de travail à la maison. « Qu'est-ce que je sais maintenant ? » se dit l'enfant.

Est-ce vrai ?

On dit : « Les moyens mnémotechniques sont utiles pour mémoriser. »

Oui. Qui ne connaît pas *Adam part pour Anvers avec deux cents sous,* grâce à quoi on se souvient des principales prépositions ; ou *Le chapeau de la cime est tombé dans l'abîme et celui du boiteux dans la boîte,* qui aide à se souvenir des mots avec ou sans accent circonflexe ; ou encore *La corneille sur la racine de la bruyère boit l'eau de la fontaine Molière,* qui énumère tous les grands auteurs classiques du XVIIe siècle.
Et on peut se créer soi-même de bons moyens mnémotechniques, pour mémoriser l'orthographe d'un mot par exemple.

Non. Ce procédé permet de mémoriser des informations, par elles-mêmes dépourvues de sens, mais il est limité en matière d'apprentissage. D'autres façons de mémoriser présentent davantage d'intérêt parce qu'elles s'adaptent au sens de ce que l'on veut apprendre.

Il se demande également quand et comment il aura à utiliser cette nouvelle connaissance.

Le soir, les élèves qui n'ont pas fait ce travail ne se souviennent guère plus que de 50 % de ce qu'ils ont appris et, dans ces 50 %, combien d'idées essentielles, d'informations assez complètes pour être utilisables ?

Au bout d'une semaine, si aucune réactivation n'a été faite, la déperdition de mémoire avoisine 75 %. Et encore : en l'occurence, il s'agit d'élèves qui étaient attentifs au cours.

• Retour le soir sur les cours de la journée

À la fin de la journée, l'enfant tâche de se rappeler ce qu'il a appris ce jour-là. Après, et seulement après, il vérifie dans ses livres et ses cahiers qu'il a bien mémorisé et n'a rien oublié d'important.

Il fait un premier apprentissage de ce qui doit être appris par cœur : tables de multiplication, vocabulaire étranger, définitions, théorèmes. Pour cela, trois ou quatre petites séquences valent mieux qu'une demi-heure d'affilée. L'enfant n'y passe pas plus de temps mais il retient davantage.

Puis il laisse le cerveau agir pendant la nuit.

• Retour dans la semaine, juste avant le cours suivant

De nouveau, l'enfant, livres fermés, se remémore ce qu'il a appris. Et, de nouveau, il consulte ses livres. Il se félicite de ce qu'il a retenu et revient sur les points oubliés. Il fait de même avant chaque contrôle.

• Retour dans les semaines et les mois qui suivent

Un savoir est acquis s'il a été appris en plusieurs fois assez rapprochées, puis s'il est consolidé par des révisions espacées. Si l'on ne révise pas, on oublie. Heureusement les connaissances masquées resurgissent rapidement. Ce qui revient le plus facilement, ce sont les détails, aussi est-il utile d'apprendre à l'enfant, dès l'entrée au secondaire, à faire des fiches avec les mots-clés, les idées principales, fiches qui, pour certaines matières, tels le français, les maths, peuvent se garder et restent utiles sur deux ou trois ans.

> **Le saviez-vous ?**
> On oublie parce que le cerveau est programmé pour éliminer ce qui pourrait l'encombrer inutilement.

En faisant des retours fréquents aux acquis, en les mêlant aux nouvelles connaissances, on les réactive.

Le fait qu'un enfant ne fasse pas de révisions sur un long terme est la cause des oublis : vocabulaire d'anglais, propriétés des figures géométriques, sans parler des leçons d'histoire ou des sciences de la vie et de la terre.

Comment expliquer alors que nombre d'élèves ayant répété des notions de grammaire pendant trois ou quatre ans n'en retiennent pas grand-chose ? La cause la plus fréquente est qu'au départ les élèves n'ont pas installé correctement ces notions dans leur mémoire et que les répétitions à l'identique ont ressemblé davantage à du rabâchage qu'à de l'apprentissage.

Psycho

Mémoire sélective

Un enfant qui ne mémorise pas est souvent un enfant qui ne trouve aucun intérêt à ce qu'il fait. Il se souvient fort bien de tous les résultats sportifs ou du top 50 des chansons et même de ses leçons d'histoire, mais il se plaint de ne pas y arriver en grammaire. Lui dire qu'il n'y passe pas assez de temps ne devrait pas changer grand-chose. Souvent il suffit de rendre moins arides les disciplines sur lesquelles bute sa mémoire. Passer par des exemples vivants, absurdes, poétiques en grammaire. Des exemples utilisant des choses qui l'intéressent. Ou encore l'aider à avoir de petites réussites dans la discipline où sa mémoire échoue, car il est fort probable que là, il est en difficulté.

Mais sans doute la meilleure des façons est de donner à l'enfant, par l'exemple partagé, le goût de l'effort. Cela s'apprend. L'effort est suivi du plaisir d'avoir réussi, ou du moins d'avoir mené une tâche jusqu'au bout de ses possibilités. Plus on l'apprend tôt à un enfant, plus on a de chances de parvenir à le motiver ainsi.
À l'adolescence, cela devient beaucoup plus difficile.

Il se peut aussi que la grammaire ait été privée de sens : apprentissage trop abstrait, cloisonné, limité à des exercices d'application.

Attitudes positives :

- Demander à l'enfant de dire ce qu'il a appris d'important ce jour-là.

- Veiller à ce qu'il cherche dans sa mémoire ce qu'il sait avant de se lancer dans un devoir.
- Faire en sorte de ne pas oublier les répétitions éloignées dans le temps.

Condition d'une bonne mémoire

L'intention de retenir : l'enfant mémorise bien ce qu'il aime ou encore s'il ressent comme utile ce qu'il apprend, s'il sait à quoi cela va lui servir.

La mémoire ne dépend pas du passé mais du futur.

Combien de parents disent ne pas comprendre les difficultés que rencontre leur enfant en classe ! « Il sait pourtant ses leçons », s'étonnent-ils. La preuve : il les leur récite ; mais, le lendemain, il s'en souvient beaucoup moins bien et ses notes n'ont rien à voir avec le temps passé à apprendre.

Il y a mémorisation lorsque, après avoir compris sa leçon, l'enfant s'imagine la réutiliser dans l'avenir : « À quelles questions devra-t-il répondre ? Comment va-t-il utiliser cette règle ? Sous quelle forme ? Quand aura-t-il besoin de cette formule de physique ? Dans quel genre de problème devra-t-il penser à utiliser une multiplication ? »

Si l'enfant n'est pas dans l'intention de réutiliser l'information, elle reste disponible le temps de la mémoire à court terme, qui permet un travail immédiat, mais ne laisse aucune trace ensuite.

Les ancrages, pour retrouver les connaissances mémorisées

C'est ce qui se passe dans la bibliothèque quand, pour classer un livre nouveau, on en sort d'autres, plus ou moins vieux, de la salle de conservation. On se dit que le nouveau pourrait entrer dans la rangée des romans, mais aussi des livres historiques, qu'on pourrait le donner à lire à des adolescents, également à des adultes, et, comme il décrit si bien un pays, pourquoi ne le rangerait-on pas avec les ouvrages touristiques ? Bref, on donne plusieurs références au livre.

> **Astuce**
> Quand on doit expliquer quelque chose à l'enfant, plutôt que de lui dire « Écoute-moi » ou « Concentre-toi », qui ne veulent rien dire, on le met en condition d'être attentif. On le laisse sortir ce dont il a besoin, on attend qu'il ait fini de s'agiter et qu'il ait une attitude d'écoute. Mais, soi-même aussi, on cesse toute activité, on se pose, prêt à transmettre un savoir.

Et il en est ainsi pour une bonne mémorisation. L'enfant se souvient d'autant plus facilement d'une information qu'il l'a traitée en profondeur et non superficiellement. Cela signifie qu'elle est mieux mémorisée et récupérée s'il la comprend puis la relie à d'autres données déjà stockées. Il compare, oppose, il accroche une donnée à une autre (« C'est pareil, c'est l'inverse, ça ressemble à, ça fait penser à »). **Il crée des liens logiques** entre elles. Plus les associations, qui sont des points d'ancrage, sont nombreuses, meilleure est la mémorisation. Les points d'ancrage sont autant de portes d'accès qui permettent de retrouver une donnée mise en mémoire. Quand une information a bien été attachée à d'autres, s'en souvenir devient aisé.

Les éléments mis en mémoire sont reliés entre eux par des connexions. La mémoire est sans cesse en mouvement, en transformation. Elle s'enrichit, se renforce en permanence. Les liens nouveaux permettent de classer, de simplifier, de structurer. La mémoire utilise les éléments qu'elle a stockés pour en produire d'autres. Elle reconstitue. Elle rebâtit.

Il est essentiel de bien ancrer une donnée pour avoir la chance de la retrouver dans l'immense stock qu'est la mémoire. **Un enfant oublie une donnée quand il ne l'a pas traitée et reliée correctement.**

Aussi, il se demande systématiquement ce qu'il a lu, ce qu'on lui a dit ou ce qu'il a vu, qui se rapporte à ce qu'il apprend. Un mot nouveau, un concept, une leçon, un théorème sont reliés à ce qu'il connaît déjà, et ainsi il les classe dans sa mémoire. La mémoire aime l'ordre et, lorsque l'enfant a besoin du mot, du concept, de la leçon ou du théorème, il n'a pas de mal à les en sortir.

À ne pas oublier :

- Mémoriser, c'est pour l'enfant créer des liens avec ce qu'il connaît déjà.
- Mémoriser une leçon, c'est réfléchir aux questions qui pourraient lui être posées.
- Mémoriser une règle de grammaire, un théorème, une définition, c'est imaginer dans quel type d'exercices il devra les utiliser.

La mémoire et le cerveau émotionnel

- **Le cerveau freine l'action, bloque la mémorisation,** en cas de stress, de peur, de déception ou encore au souvenir d'un échec. L'enfant apprend dans le calme et la sérénité, surtout pas à la dernière minute. Lors d'un contrôle, il ne se laisse pas déborder par les émotions négatives. Et, pour cela, il ne se précipite pas sur son travail. Il laisse ses idées remonter à la surface. Pour les faire revenir, il peut se souvenir du contexte de l'apprentissage, c'est-à-dire se souvenir du moment où le professeur a abordé le sujet, ou encore se revoir en train de réviser, assis à son bureau.
- **Le cerveau filtre les informations.** Il ne se met pas à la tâche si l'information est sans plaisir ou sans intérêt. Aussi le travail doit-il mêler rigueur, excitation intellectuelle, jeu. On peut même y ajouter de l'humour : le cerveau est bon public. Quand un enfant apprend une leçon de grammaire, il se sert d'exemples amusants. De même pour du vocabulaire d'allemand, ou un anglicisme : rien de tel que d'imaginer des phrases complètement absurdes pour réveiller le cerveau.
- **Le cerveau travaille bien dans un temps limité** : de vingt à quarante minutes, selon la difficulté de la tâche, l'âge de l'enfant et son aptitude à assimiler, à passer par un travail réfléchi. Après quoi l'efficacité est moindre. D'où l'importance de ne pas oublier les pauses entre deux séquences de travail.
- **Le cerveau mémorise mieux en début de séquence.** L'enfant commence par les données et les idées principales. La fin de la séquence permet de vérifier qu'il les a bien enregistrées ; il retrouve l'essentiel.

- **Le cerveau déteste la routine.** Il s'ennuie facilement. Il faut donc penser à le surprendre, à le stimuler intellectuellement.

Les règles d'or

- Anticiper pour être attentif
- Se concentrer : investir de l'énergie là et seulement là où c'est utile
- Alterner travail et pauses pour une bonne concentration et une bonne mémorisation
- Privilégier les silences, les arrêts nécessaires au cerveau pour mémoriser
- Faire un pont vers l'avenir pour mémoriser longtemps
- Faire plusieurs répétitions de ce que l'on veut apprendre
- Se demander ce que l'on a appris d'important ce jour-là
- Comprendre ce que l'on veut mettre en mémoire
- Avoir du plaisir ou de l'intérêt pour mémoriser
- Faire des ancrages solides : lier les connaissances entre elles

5

COMMENT APPRENDRE ?

De l'élève passif à l'élève acteur

Qu'est-ce qu'apprendre ? Chacun sait, évidemment, répondre à cette question. Apprendre, c'est acquérir des connaissances par le travail intellectuel ou par l'expérience. Mais là où la chose se complique, c'est lorsque surgit une autre question : « Comment apprend-on ? Que faut-il faire ? » Car apprendre n'est pas un état. Apprendre est une action. Alors, de quelle action s'agit-il au juste ? Cette action, on l'a vu, touche à la motivation, à l'attention, à la mémoire. Mais encore, peut-on la décrire ? Existe-t-il des moyens efficaces d'apprendre ? Que dire aux enfants qui ne les renvoie pas à ces phrases sans cesse répétées : « Apprends par cœur tes verbes irréguliers » ou « Copie ce mot dix fois », ou encore « Répète plusieurs fois ta leçon ».

Apprendre, c'est être dans une pensée consciente

Pour que la pensée soit efficace, elle doit ressembler au langage parlé. L'enfant se parle à lui-même comme il parlerait à un autre. Il quitte alors le vague dans lequel la pensée aime se prélasser. Grâce aux mots, grâce aux images qui se forment dans son esprit, il mémorise, il comprend et réfléchit. Il est dans une pensée qui construit du savoir.

Est-ce vrai ?

On dit : « Prendre du temps signifie perdre du temps. »

Oui, si l'on parle d'un enfant lent à s'installer à sa table de travail, à décider par quoi il va commencer, à sortir de son cartable ce qui lui est nécessaire.
Non, s'il s'agit pour l'enfant de penser, c'est-à-dire d'explorer, de tâtonner, d'élaborer son travail au lieu de se précipiter.

Tout apprentissage demande une maîtrise des facultés intellectuelles. Cela se fait parfois plus ou moins naturellement, mais pas souvent. L'enfant doit prendre conscience que, pour mémoriser ses leçons, pour faire ses devoirs, il lui faut se tenir un discours intérieur, élaborer des stratégies, s'aider d'images mentales.

Pour qu'il en prenne l'habitude, on veille à ce que, dans l'apprentissage, il reformule avec ses mots ce qu'il entend, ce qu'il lit, ce qui lui est donné (un énoncé), ce qui lui est demandé.

On l'aide à se poser des questions :

- Qu'est-ce que cela signifie ?
- Que dois-je faire pour réussir ?
- Qu'ai-je appris à ce sujet ?
- À quoi dois-je faire attention ?
- À quoi dois-je penser ?
- Quelle(s) erreur(s) dois-je éviter ?
- Quand vais-je me servir de ce que j'apprends maintenant ?

Se faire des images mentales

Quand on demande à un enfant au travail ce qui se passe alors dans sa tête, il reste silencieux, ou alors il dit « Je réfléchis » ou « Je pense ». Si l'on pousse plus loin l'interrogatoire, il dit « Je réfléchis à comment s'écrit ce mot » ou « Je pense au problème, à l'opération qu'il faut faire », mais il ne sait pas expliquer comment il réfléchit ni comment il pense. Alors, on lui suggère qu'il est peut-être en train de se parler, et il s'étonne.

Si, au cours d'une dictée, on lui parle du mot dont il cherche l'orthographe dans sa tête, il se peut qu'il dise : « Je le vois écrit. » L'enfant est plus facilement conscient de ses images mentales que du fait qu'il se tient un discours intérieur.

Les enfants arrivent facilement à faire émerger les images mentales et à les contrôler quand on leur dit comment faire. Ils trouvent cela plutôt amusant.

Donner l'envie de lire

Un enfant bon lecteur est un enfant qui se fait des images de ce qu'il lit. Au fil des phrases, il met en scène l'histoire. Plus les images qu'il se fait sont fortes et complètes, plus il a plaisir à lire. Un enfant plongé dans un livre semble coupé du monde qui l'entoure. Il est ailleurs, dans l'histoire qu'il fait vivre dans sa tête. Malheureusement, pour certains enfants, plus nombreux qu'on ne le croit, lire se réduit à parcourir le texte, mot après mot, sans chercher à leur donner du sens, sans chercher à illustrer le texte par des images, leurs images mentales. Ils comprennent ce qui leur parvient de façon automatique. Il ne leur reste de la lecture que des bouts de sens amenés par les images les plus évidentes. Ces enfants n'aiment pas lire, et on comprend pourquoi.

On incite l'enfant à :

- Faire de petites pauses au cours de la lecture, le temps que les images s'installent dans sa tête.
- Revenir en arrière dans le cas où il a lu sans lire, c'est-à-dire où il a parcouru le texte des yeux et que cela n'a pas résonné dans sa tête.
- Prendre son temps à la fin de chaque chapitre pour se raconter ce qu'il a lu avant de commencer un nouveau chapitre.

Psycho

Les images angoissantes

Certains enfants ressentent comme un danger le chemin qui amène au savoir. On dirait qu'ils ne se sentent pas concernés, qu'ils manquent de désir, de curiosité, qu'ils n'obéissent pas aux règles scolaires, ou encore qu'ils sont dans l'impatience de savoir mais sans faire effort. Et l'on confond les effets et les causes.

Nous sommes, avec ces enfants, dans des mécanismes de défense. Tout véritable travail intellectuel exige d'utiliser le langage intérieur et de se faire des images mentales. Et ces enfants ont des images/souvenirs anciens qu'ils ne veulent surtout pas retrouver sur leur chemin. Ne pas se faire d'images est donc le meilleur moyen de se protéger de celles qu'ils craignent et qui pourraient resurgir à tout moment. Voilà pourquoi ils restent à l'extérieur de l'apprentissage, qui se fait en dépit d'eux.

Mémoriser une image

Il ne suffit pas de regarder une image pour s'en souvenir, il faut la décrire avec ses mots. Autrement, on retient un ensemble plus ou moins vague, où manquent des éléments. Ces éléments se construisent au fur et à mesure qu'ils sont clairement énoncés. Parfois l'enfant est à peine conscient de l'avoir fait. Il dit « J'ai bien observé » ou « Je l'ai photographié » et il faut quelques questions de plus pour que le « J'ai bien observé » soit traduit par « Je me suis dit, j'ai pensé, j'ai trouvé que, j'ai compté ». C'est souvent à partir d'un décompte (trois volcans, dix hommes, les deux couleurs du chat) que l'enfant prend conscience qu'il s'est parlé pour mémoriser ce qu'il voyait.

Dans l'apprentissage, ce qui n'est pas détaillé, mis ainsi en relief, n'est pas réellement vu et ne sera pas mis en mémoire. Pas dit : pas vu, donc pas mémorisé.

L'enfant se parle pour mémoriser une image, quelle qu'elle soit : un plan, une figure géométrique, une carte de géographie, un schéma, une photo, un tableau. Et c'est aussi l'orthographe d'un mot qu'il doit voir dans sa tête pour s'en souvenir le jour où il doit l'écrire.

Conseils à donner à l'enfant :

- Pour mémoriser efficacement une carte de géographie, il se dit le parcours des fleuves, la place des villes les unes par rapport aux autres, le regroupement des zones industrielles, etc.
- Pour mémoriser l'orthographe d'un mot, il se parle des difficultés, syllabe après syllabe, puis il visualise le mot dans sa tête.
- Pour mémoriser une figure géométrique, il évoque ses propriétés tout en la dessinant.

Dialoguer avec soi-même

Ce que l'on se dit à l'intérieur de soi à propos d'une information lui donne de la force. Le rôle du discours intérieur est incontournable. Compréhension, stratégies, hypothèses, raisonnement existent à partir du moment où ils sont mis en place par une pensée logique et structurée.

Il ne faut pas confondre le discours intérieur avec ce que l'on se dit et qui naît spontanément au cours de la journée. Ce verbiage désorganisé, non maîtrisé, fait de bouts d'idées, entrecoupé d'images plus ou moins vagues, d'émotions, de sensations, saute du coq à l'âne, va rarement jusqu'au bout de ce qu'il a commencé.

Le discours intérieur, lui, est proche du langage parlé. C'est la pensée que l'on met en paroles. Il est organisé et ponctué d'images mentales.

> **Le saviez-vous ?**
> Les bons élèves ne sont pas forcément plus doués que les autres mais ils automatisent un maximum de connaissances et travaillent donc plus rapidement et avec plus de facilité. Ils ont de plus un langage intérieur très riche.

Lorsqu'un enfant écoute le professeur, apprend une leçon ou même fait un exercice, il reste trop souvent dans une globalité vague d'où émergent des bouts de sens, des images et quelques concepts, mais où pas grand-chose n'est lié. Or il devrait se parler pour accrocher ensemble tous ces éléments et leur donner un sens. C'est un vrai travail.

On explique à l'enfant qu'il doit se parler, on l'aide à le faire dans toutes les matières et dans toutes sortes d'apprentissages : qu'il écoute une explication, lise une leçon ou un énoncé, qu'il fasse un exercice ou un travail de réflexion.

Psycho

Des enfants surdoués ne veulent sous aucun prétexte quitter les copains, d'autres désirent sauter une classe pour recevoir les stimuli nécessaires au plaisir d'apprendre. Émotionnellement et (ou) raisonnablement ils ont fait un choix, qu'il est bon de respecter.

Quand l'enfant apprend une leçon, on lui laisse le temps de :

- la reformuler avec ses mots ;
- se faire des images ;
- mettre en relation ce qu'il apprend avec ce qu'il sait déjà.

Quand il fait un devoir, on lui laisse le temps de :

- comprendre la consigne en la reformulant avec ses propres mots ;
- se faire une représentation du travail à accomplir ;
- se poser des questions.

De l'élève passif à l'élève acteur

Si l'on se penche sur l'origine latine du verbe *apprendre,* on peut le traduire par *prendre pour* ou *prendre vers.* On prend une connaissance *pour* en faire quelque chose. L'enfant apprend du vocabulaire anglais pour son contrôle du lendemain, pour ses devoirs futurs, mais aussi pour toutes les utilisations ultérieures où ce lexique lui sera utile.

On *prend* veut dire que, dans un premier temps, on assimile.

Dans un deuxième temps, on jette un pont *vers* l'avenir. Quand, où, sous quelles formes, dans quelles sortes d'exercices aura-t-on à se servir de cette connaissance ? Sera-t-elle facilement repérable ou aura-t-elle une importance secondaire, c'est-à-dire avancera-t-elle masquée, mêlée, comme insignifiante au milieu d'autres connaissances apparemment plus concernées par l'énoncé de l'exercice ?

On se trouve face à trois élèves...

Le premier attend passivement que la connaissance lui parvienne. Le travail d'attention se fait plus ou moins consciemment. Des informations s'attardent un moment dans sa mémoire de travail et il lui en restera peu, suffisamment cependant pour qu'au fil du temps et des répétitions, il possède un semblant de savoir qui fait parfois illusion.

Le second a envie de savoir. Aussi, il se montre plus actif que le premier : il fait effort pour comprendre. Malheureusement, une fois qu'il a compris, il s'arrête là. Il n'imagine pas qu'il faudrait aussi qu'il songe à l'utilisation de ce qu'il a compris. Il aime savoir, mais non apprendre. À cet élève, il est indispensable de dire qu'une compréhension sans destinée est une compréhension morte.

Le troisième élève est l'élève-acteur. Il est attentif pendant le cours, fait un travail de compréhension puis s'interroge sur l'utilisation de ce qu'il vient d'apprendre.

L'élève-acteur se pose des questions :

- Qu'est-ce qu'on me donne ? Qu'est-ce qu'on me demande ? (Il est dans le présent.)
- Qu'est-ce que je sais et qu'ai-je appris à ce sujet ? (Il interroge le passé, va chercher dans sa mémoire.)
- Qu'est-ce que je sais de nouveau ? À quoi puis-je m'attendre ? (Il jette un pont vers l'avenir, imagine les applications de cette connaissance.)

Apprendre implique l'enfant

Les élèves performants ont plaisir à travailler parce qu'ils réussissent, et ils réussissent parce qu'ils s'impliquent.

Psycho

Réponses aux « pourquoi »

Il arrive qu'un enfant se sente différent des autres parce qu'il est toujours dans le questionnement. « Pourquoi ? » demande-t-il, ou encore « Comment ? ». Mais il perd l'habitude de le faire, à l'école comme à la maison, parce qu'on ne peut répondre à des questions qui manquent de précision, qui mènent on ne sait où. Il a aussi des cheminements de pensée vagabonds qui agacent parfois parce qu'ils ne semblent pas très logiques. Ses chemins de détour, pour n'être pas classiques, ont leur logique propre. Alors on s'intéresse à ce que dit l'enfant, même si cela semble un peu décalé, on lui demande d'expliquer comment il est parvenu jusque-là.
On le pousse à aller plus loin dans ses questions, une question ne devant pas forcément amener une réponse mais une autre question. On ouvre ainsi un champ de questions qui vont lui permettre de répondre, lui-même, aux questions qu'il posait.

Ils ne sont pas dans un apprentissage mécanique. Ils font des liens avec le passé, ils font des liens avec le futur. Ils explorent différentes pistes pour comprendre une nouvelle information et mieux la maîtriser.

Apprendre, c'est créer des liens

L'enfant a appris des choses dans la vie tout autant qu'à l'école, et c'est grâce à ces savoirs qu'il peut s'approprier une information nouvelle. Une notion n'est jamais isolée. Elle peut être rattachée à un grand nombre d'autres informations. D'où l'importance de se préoccuper de ce que l'enfant connaît déjà.

On ne cloisonne pas les connaissances, on rattache l'inconnu au connu pour mieux le comprendre, mieux le mémoriser, on mêle les nouvelles connaissances aux acquis. On ne construit pas une maison dans le vide. On la bâtit sur des fondations solides – ce sont les acquis. On ne construit pas une pièce sans la faire communiquer avec une autre, on n'ouvre pas une fenêtre sans s'intéresser à ce sur quoi elle donne, on ouvre une porte intérieure selon les pièces, leur disposition, leur fonction. Il en est de même des connaissances. On apprend des choses en tenant compte d'autres notions, en les accrochant ensemble, en les comparant, en les opposant, en les structurant.

L'enfant compare les propriétés du carré et du losange, compare l'adjectif et le pronom. Il apprend les mouvements de la terre autour du soleil en se souvenant de ce que lui a dit un jour son père et (ou) du petit film d'animation vu à la télévision. En histoire, on fait référence à l'actualité ; en géographie, à ses voyages.

Est-ce vrai ?

On dit :
« Les choses obligatoires sont ennuyeuses. »

Non, pas forcément. Tout dépend de la façon dont l'enfant s'investit dans l'apprentissage. S'il aime une discipline, il peut avoir plaisir à faire quelque chose qui lui est imposé. Mais il aura d'autant plus de plaisir qu'il s'investira personnellement dans la façon d'apprendre ou de faire.
Et quand l'enfant n'aime vraiment pas une discipline, c'est l'effort accompli qui peut le sortir de l'ennui. Se dépasser est un bon défi qui donne de la motivation à apprendre.

On fait un bref rappel de ce qui a été appris auparavant, ce qui permet non seulement de relier un cours à un autre, mais de solidifier une connaissance apprise peu de temps avant et encore en voie de construction, de revenir sur des idées-clés non encore maîtrisées.

- On relie les savoirs scolaires avec ce que l'enfant connaît. Cependant on prend garde à ne pas confondre ce que l'on croit qu'il connaît et ce qu'il sait vraiment – qui n'a rien à voir avec ce qu'il a appris.

Apprendre, c'est savoir utiliser la nouvelle connaissance dans des exercices variés. Une règle est intégrée lorsque l'enfant a compris qu'elle est utilisable dans toute une série d'exercices différents. Elle est intégrée quand il sait comment l'appliquer dans ces exercices, même si elle est un peu perdue au milieu de beaucoup d'autres règles et que l'enfant n'a pas pour consigne d'y prêter attention.

On l'incite à se demander :

- où et comment il aura à utiliser cette connaissance nouvelle ;
- ce qui devra l'alerter ;
- à quoi il pensera alors.

Apprendre, c'est mettre de l'ordre

Le cerveau mémorise facilement des connaissances quand elles sont assemblées de façon logique et cohérente.

Le travail premier à faire avec l'enfant est de lui apprendre à hiérarchiser. Quand il apprend une leçon, il enregistre d'abord son squelette : ce sont les idées principales. Puis il enregistre le développement : ce sont les idées secondaires qui traitent les idées principales. Il pense aux enchaînements qui accrochent les idées ensemble. Enfin, il aborde les exemples, les détails, les points particuliers.

Lorsqu'on interroge des élèves sur un cours appris peu auparavant ou sur des périodes de l'histoire, étudiées cette année-là ou l'année précédente, ils rapportent des anecdotes, des descriptions, des détails, des faits isolés, parfois une date. Ils n'ont guère mémorisé de grandes idées. À cela, plusieurs raisons. Les livres scolaires offrent à lire une foule de détails. Et les enseignants, pour soutenir l'attention des élèves, leur en donnent également en abondance. Or un détail est plus facile à saisir et à mémoriser qu'une idée. Certes, les enseignants en viennent toujours à l'idée générale mais, dans leur grande majorité,

Question de parents

Quelle attitude avoir avec un enfant qui demande toujours qu'on lui explique ses devoirs ?

« Mes parents n'aiment pas beaucoup m'aider pour mes devoirs. Mais les autres parents le font. » Antoine, 14 ans
« Mes parents se disputent parce que Papa trouve que Maman m'aide trop. » Luna, 10 ans
« Le soir, je suis fatigué. J'aimerais que Maman m'explique davantage mes devoirs. » Romain, 11 ans

À l'école et à la maison, l'enfant doit assimiler des savoirs et des savoir-faire. Et cela, personne ne peut le faire à sa place. Expliquer un problème qu'il ne parvient pas à résoudre est parfois nécessaire, mais il s'agit alors de l'aider à dépasser un obstacle sur lequel il bute et non de résoudre le problème. En faisant l'exercice à sa place, il n'est pas certain que l'enfant, même s'il suit le raisonnement, assimile un savoir-faire.
Le mieux serait de lui apporter une explication en se servant comme exemple d'un autre problème, pour qu'il ait à résoudre lui-même celui sur lequel il bute.

les élèves ne l'ont pas mise en relief. Ils placent tout sur le même plan, ils ne savent pas différencier l'essentiel de l'accessoire.

Quand l'enfant récite une leçon d'histoire, de géographie, de sciences naturelles... on lui demande de :

- présenter en deux mots ce dont il va parler ;
- retrouver le plan de la leçon ;
- lier entre elles les grandes idées.

Est-ce vrai ?

On dit : « Apprendre par cœur les dates, c'est important. »

Oui et non. Les dates prises isolément n'ont pas beaucoup de signification. Les événements, les batailles, les traités ne prennent de l'importance, ne se chargent de tout leur sens qu'en fonction d'autres événements survenus dans ce pays ou dans d'autres.
On ne mémorise que les dates essentielles, mais on les place dans un espace-temps qui a un sens.

Apprendre aussi à se connaître

L'enfant apprend à se connaître en analysant ses résultats et en réfléchissant à son fonctionnement au cours d'un travail. Il évite ainsi de naviguer au hasard, bien ou mal selon les disciplines et ses compétences. Il peut mieux mobiliser ses savoirs.

Pour les parents, il s'agit d'observer l'enfant et de le faire s'exprimer sur la manière dont il a travaillé depuis le moment où il a ouvert livres et cahiers jusqu'à celui où il les a refermés. **On analyse ainsi les erreurs et les réussites**. L'enfant s'interroge sur sa démarche, le but poursuivi, les obstacles rencontrés, les blocages, le degré de réussite, les savoirs intégrés ou non. Quand il comprend comment il fait quand il réussit, quelle démarche il a suivie, cela favorise considérablement les apprentissages.

On demande à l'enfant :

- Par quoi il a commencé.
- Ce qu'il a fait ensuite.
- Ce qui lui a fait perdre du temps.
- Ce qui l'a fait avancer jusqu'à la fin.
- Ce qui, dans ce qu'il savait déjà, l'a aidé dans son travail.
- Comment il a su que son travail était terminé.
- À quoi il a pensé quand il s'est trouvé devant un obstacle.
- Ce qui l'a aidé à le surmonter.

Apprendre selon ses préférences

Les enfants ne sont pas tous identiques. Il en est de même dans l'apprentissage où très vite ils prennent des habitudes. Il est intéressant pour les parents de repérer ces comportements afin de les prendre en compte et d'être d'une aide plus efficace.

Pourtant, attention. Il ne s'agit nullement de définir un profil pédagogique qui correspondrait à l'enfant. Cela pourrait se révéler dangereux en le figeant dans une habitude mentale, qui lui correspondrait à un moment donné, dans une tâche donnée, mais finirait par être appauvrissante. L'enfant a simplement des préférences, des tendances, et elles peuvent même être différentes selon les disciplines.

De plus, les comportements pouvant se révéler des obstacles dans certaines situations, il est essentiel d'aider l'enfant à en développer d'autres pour un bon équilibre intellectuel.

Question de parents

Que faire pour aider un enfant qui reste bloqué sur un devoir ?

« J'ai des devoirs de maths tous les week-ends et je ne suis pas bon, alors je reste dessus pendant des heures. » Julien, 14 ans

« Quand je ne sais pas faire un devoir, mon père me dit que je n'ai qu'à réfléchir, et il me laisse seule. » Morgane, 12 ans

« Il y a des devoirs qui sont difficiles, je ne sais pas comment les faire. » Emma, 10 ans

Il ne faut jamais se précipiter pour aider un enfant dès qu'il dit ne pas comprendre, ne pas savoir. On ne le laisse pas non plus s'enliser trop longtemps. Il s'agit de trouver le juste équilibre. On l'incite à relire l'énoncé et à le reformuler avec ses mots, puis à chercher dans sa mémoire ce qu'il connaît et qui est utile à ce devoir : une règle, un théorème, un exemple, ou encore des exercices modèles. Si l'enfant ne les a pas mémorisés, il ouvre son cours.

Et seulement après, s'il ne parvient toujours pas à s'en sortir, on s'assoit à ses côtés et on l'aide.

- Un élève a une préférence pour la synthèse. Il part d'une impression globale, puis il remplit l'intérieur de ce cadre comme il le ferait d'un puzzle. Il a plus de difficulté à tenir un raisonnement bien organisé dans le temps.

  Un autre est plus naturellement à l'aise dans l'analyse. Il dit « Premièrement, deuxièmement ». Il suit efficacement une logique temporelle mais il arrive plus tardivement à l'idée générale que le premier.

Question de parents

Que faire pour un enfant qui ne se plie pas aux règles de l'apprentissage et qui pourtant se montre curieux et intelligent ?

« Dans mon école idéale, il n'y aurait que des enfants. On travaillerait quand même. » Laurène, 8 ans
« Je m'ennuie en classe et aussi à la maison, car il faut toujours faire ce que disent les profs. On ne peut pas penser autre chose. » Claire, 12 ans
« J'aimerais bien aller dans une école où on ne serait pas obligé de faire toujours la même chose. » Louis, 9 ans

Ce que disent ces enfants est qu'ils souffrent de ne pouvoir s'exprimer vraiment. Les règles qui habillent l'apprentissage leur paraissent trop rigides. On s'en tient aux raisonnements des professeurs et on n'a pas à en trouver d'autres ; on suit leurs dispositifs, on ne s'en écarte pas ; on écrit en bleu ou en noir selon leurs exigences. Si cela convient à des enfants que rassure le fait d'être bien cadrés, cela pèse à beaucoup. L'enfant a un brouillon qui lui appartient. À lui de travailler dessus à sa convenance, tout en sachant que le travail au propre sera tel que le veut l'enseignant. Il utilise des couleurs différentes selon qu'il s'agit d'un exercice ou d'exemples ; il garde le recto d'une feuille pour le travail demandé par l'école et le verso pour ses recherches ou encore ses interrogations personnelles. Parfois, un simple cahier de brouillon peut sortir un enfant de l'état d'ennui où le plonge le travail scolaire.
Il peut apprendre en se servant d'outils informatiques, de fiches ou de manuels.
Et puis, c'est à la maison que peuvent lui être données des occasions de mettre en œuvre sa réflexion et son imagination. On lui offre un environnement riche en ressources et en sollicitations.

- Un élève part de la règle pour aller à l'exemple. Il résout un problème de géométrie en retrouvant les théorèmes et non les exercices faits en classe. Alors qu'un autre a besoin d'un exemple pour comprendre.
  Il part, lui, du souvenir d'un exercice pour résoudre le problème.

- Un élève se sent en sécurité quand il suit à la lettre les consignes. Il a besoin d'indications précises, et les évaluations fréquentes le rassurent. Il manque d'esprit d'initiative mais il est bon dans les exercices d'application.
  Il a son opposé. Celui-ci ne suit pas vraiment les consignes et aime faire à sa façon. Il a du mal quand il se sent freiné par trop d'indications. Il trouve plus de motivation que son camarade, mais son travail ne correspond pas toujours à ce qui était demandé.

- Il y a celui qui, sensible au relationnel, est plus dépendant de l'enseignant que de la matière. Ses résultats fluctuent en fonction des liens qu'il a noués en classe. Ils peuvent être très irréguliers selon les années.
  Alors qu'un autre, sensible à la matière enseignée, a des résultats plus réguliers, son travail dépend peu de ses rapports avec les autres. Il travaille dans les disciplines qu'il aime, délaissant souvent les autres.

- Un élève est impulsif. À l'oral comme à l'écrit, il se précipite dans l'action sans vraiment réfléchir. Le défaut est que sa pensée ne précède pas l'action,

elle se forme souvent au fil des mots, il lui arrive donc de se tromper.
À l'inverse, un autre élève est réflexif. Il prend son temps pour penser, d'où une lenteur. À l'oral, il participe peu car d'autres le devancent, et il se rend compte trop tard qu'il savait la réponse et aurait pu la donner.

• Il y a encore l'élève qui aime avancer sur un chemin balisé. Cela le rassure. Il aime les similitudes et intègre facilement ce qui s'ajoute à un savoir bien installé en lui. Il préfère être conforté que surpris.
A contrario, c'est dans l'opposition, les contradictions, qu'un de ses camarades se construit. Il dit « Mais », « Pourtant vous aviez dit ». Ce qui est nouveau l'intéresse. Il mémorise mieux ce qui le surprend et qui va à l'encontre de ce qu'il pensait.

Si un enfant peine en classe :

- On l'aide à repérer ses habitudes dans chaque discipline.
- On analyse avec lui son comportement dans une tâche qu'il réussit.
- On lui suggère d'essayer d'autres façons de faire, là où il est en difficulté.

L'imagination au service de l'élève

Il y a la rêverie, qui surprend à l'improviste l'enfant au travail, et l'imagination, qui est un acte intellectuel et dynamique. L'imagination permet de créer, de découvrir, d'inventer, d'associer, d'anticiper.

Contrairement aux idées reçues, elle ne concerne pas la seule créativité, elle est la base de la recherche dans les sciences, ainsi que dans tout travail d'étude et d'investigation dans la vie professionnelle. Dans la vie scolaire et personnelle, son rôle est déterminant quand il s'agit de cerner un problème, de trouver des solutions. Pourtant, à l'école mais également au sein de la famille, l'imagination est délaissée au profit des aptitudes logiques et rationnelles.

Le saviez-vous ?
Pour qu'un travail créatif ou une expression écrite soient intéressants, l'enfant ne doit pas s'arrêter à la première idée qui lui vient à l'esprit. Il en laisse venir spontanément plusieurs, avant de se décider pour la plus personnelle, la plus forte.

C'est vrai qu'il est difficile d'évaluer un travail créatif, on ne peut se référer qu'à un jugement subjectif. Or, tout le long de son parcours scolaire, l'élève est noté : le petit qui apprend à lire, l'élève du secondaire, même l'étudiant. Et l'on décompte les erreurs, ce qui ne peut se faire avec l'imagination. L'autre raison de la délaisser est l'ignorance de son utilité pratique dans l'apprentissage.

Faire à l'identique

L'imagination est le seul domaine où l'enfant puisse exprimer son génie personnel, son originalité. Or l'occasion ne lui en est pas souvent offerte, la consigne à l'école étant de « faire pareil ». On montre un exercice le lundi, on demande de le refaire le mardi, et le jeudi. Après quoi, l'enseignant note l'exactitude de la reproduction.

On demande à l'enfant de faire à l'identique et non d'imaginer. Il fait à l'identique un problème de maths ou un exercice de grammaire. Et là où il pourrait réfléchir, l'habitude aidant, il préfère passer par la mémorisation. Il mémorise des modèles qu'il duplique.

À force de reproduire, il rigidifie sa façon de penser. Et son esprit perd de sa mobilité, c'est-à-dire la possibilité de passer brusquement d'un domaine à l'autre, comme par exemple faire des métaphores pour comprendre l'abstrait, ou rapprocher des connaissances appartenant à des matières différentes. L'esprit de l'enfant perd sa fluidité, c'est-à-dire la possibilité de produire un maximum d'idées en un minimum de temps, d'aborder les problèmes sous des angles différents, ce qui évite de rester bloqué sur une difficulté qu'on tente de résoudre toujours de la même façon.

L'enfant se sert intelligemment de son imagination si :

- On le laisse décider de ce qu'il a à faire pour le cours suivant.
- On ne lui donne pas la règle d'un travail.
- On ne lui dicte pas les étapes nécessaires à la réalisation du travail.

Les exercices d'application tuent l'imagination

À chaque cours correspondent des exercices appropriés. Jour après jour, les élèves ont à faire des exercices d'application destinés à évaluer leur compréhension de ce qu'ils ont appris. Ils ont donc la volonté de reproduire, et ils rencontrent des difficultés quand les exercices sont différents de ceux qui ont servi d'exemple à l'enseignant.

L'élève ne doit pas se cantonner à comprendre le cours. Comme le premier de la classe, il prend des initiatives, se pose des questions. Il imagine des questions, des exercices pour lesquels il n'aurait pas mémorisé des réponses et des solutions toutes faites.

L'enfant muscle son imagination quand :

- On lui donne des exercices sans énoncé.
- On lui demande d'inventer un exercice, un problème.
- On le fait rechercher des similitudes dans d'autres matières, d'autres domaines.

L'imagination à l'aide de l'anticipation

L'enfant doit utiliser son imagination pour mener les opérations complexes de compréhension et de réflexion. Imaginer lui permet de comprendre ce qui est abstrait. De comprendre des sujets d'histoire, de physique, ou des notions de géométrie et de sciences.

Lorsqu'il pense au devenir de ses apprentissages, il est dans l'imagination. Il imagine le prévisible, mais aussi l'inattendu. D'où l'intérêt de l'entraîner très tôt et de façon continue à une pensée personnelle, une pensée mobile, une pensée anticipatrice. Car il en aura besoin pour s'adapter au changement permanent, pour « inventer » ses activités ou métiers futurs.

L'enfant anticipe quand :

- Il donne un avenir à ce qu'il apprend pour être en mesure de le réutiliser.
- Il imagine sous quelle forme il aura à se servir de ce qu'il vient d'apprendre.
- Il envisage que ce qu'il a prévu sera sans doute très différent.

L'imagination utile à la réflexion

Dans un travail de logique, un enfant doit faire preuve de rigueur pour arriver à une conclusion. Il ne peut échapper à la rigidité de la logique qui n'accepte aucune entorse. C'est cette rigidité même qui fait l'intérêt de la logique.

Astuce

On incite l'enfant à trouver plusieurs solutions à des problèmes du quotidien. C'est excellent pour l'imagination.

Pourtant, il arrive que la pensée de l'enfant se bloque et qu'il ne parvienne pas à surmonter un obstacle, l'affrontant toujours de la même façon, puisqu'on ne peut avec la logique prendre des chemins de détour.

L'imagination peut aider l'enfant bloqué dans son travail. Grâce à elle, il peut tenter d'autres approches, se saisir de la difficulté autrement. Le défaut de l'imagination – qui est aussi sa force – est qu'elle manque, elle, de rigueur.

Question de parents

Que faire quand on a peur de se tromper en travaillant avec son enfant ?

« Maman me dit d'aller voir dans mes livres. Elle dit qu'elle n'a pas le temps, mais je crois qu'elle ne sait pas. » Laurène, 12 ans
« Une fois, mon papa s'est trompé. Mon devoir était faux. » Alexis, 9 ans
« Ma maman est moins forte que la maîtresse. C'est normal. » Théodora, 8 ans

Quand on aide l'enfant à faire un devoir, quand on lui apprend quelque chose et qu'on craint de se tromper, on dit : « Il y a bien longtemps que j'ai appris cela », ou « Les maths ne sont pas mon point fort » ou « Je ne trouve pas dans ton livre les informations pour vérifier que je ne te dis pas une bêtise. Alors écoute attentivement ton professeur et dis-moi si je me suis trompé. » Il n'y a pas de honte à ne pas savoir ou à faire une erreur. Comme le dit Théodora, l'enseignant est plus « fort » que les parents, et c'est normal.
On avertit l'enfant qu'il y a un risque d'erreur pour qu'il soit vigilant et n'installe pas quelque chose de faux dans sa mémoire.

La logique et l'imagination sont complémentaires. D'où l'intérêt de mettre l'imagination au service de la logique. L'enfant laisse parfois sa pensée faire des détours créatifs avant de se ré-ancrer dans une démarche logique.

Pour mettre l'imagination au service de la logique :

- L'enfant invente des histoires : les idées amenées par l'imagination sont recadrées par la logique.
- L'enfant a le droit à l'erreur.
- L'enfant ose chercher différemment, expérimente.

Les règles d'or

- Se parler, se faire des images, se poser des questions
- Reformuler une leçon avec ses propres mots
- Imager ce qu'on lit
- Se décrire ce que l'on voit pour le mémoriser
- Prendre le temps de s'approprier une connaissance
- S'observer en train de travailler
- Faire vivre les connaissances dans des exercices différents
- Hiérarchiser les idées
- Anticiper, donner un avenir au savoir
- Oser se tromper

6

COMPRENDRE ET RÉFLÉCHIR

À la conquête du sens

Pour les enfants, comprendre, réfléchir relèvent un peu du magique. Ils y arrivent parfois, disent-ils, mais pas toujours. Ils comprennent dans certaines matières et pas dans d'autres, ils comprennent en grammaire mais pas en maths, ou encore ils comprennent un jour et pas le lendemain. Ils arrivent à réfléchir à la maison sur des sujets divers, mais pas quand il s'agit de matières scolaires. Ou bien ils réfléchissent avec un professeur, mais pas tous seuls.

Quand on leur demande comment ils étudient, ils évoquent l'attention, la mémoire, conscients qu'ils s'en servent pour travailler. Ils parlent des efforts, aussi. Pour eux, l'apprentissage s'arrête une fois qu'ils « savent », c'est-à-dire qu'ils ont mémorisé. Ils ne parlent pas du sens, inhérent pourtant à la compréhension et à la réflexion, ou alors dans un cri qui veut tout dire et rien à la fois, qui résonne comme un cri de défaite : « Je ne comprends rien. »

Ils sentent confusément qu'autre chose est en jeu, mais qui relève plus du don, pensent-ils. Il y a, selon eux, les élèves doués, qui ont la chance de comprendre vite, de réfléchir sans peiner. Et les autres qui comprennent parfois mais pas toujours, et qui ignorent comment faire pour réfléchir.

Quant aux parents, voire aux enseignants, ils mettent les problèmes scolaires sur le compte du manque d'effort : « Devrait faire plus d'efforts. » À moins qu'ils ne parlent des difficultés à se concentrer ou à se souvenir de ce qui a été appris la veille. Ils incriminent encore une absence de motivation ou une mauvaise organisation du travail. Mais jamais, au grand jamais, une difficulté à comprendre ou à réfléchir.

Il est vrai qu'une faiblesse dans la motivation, la concentration ou encore la mémorisation se révèle de façon évidente. Alors qu'on peut masquer le fait qu'on ne comprenne pas sous un « par cœur », ou encore que l'on ne parvienne pas à réfléchir sous des à-peu-près.

Or, passer par le sens dans l'apprentissage est nécessaire au développement de l'intelligence.

Comprendre et réfléchir, c'est donner du sens

Comprendre et réfléchir, c'est impliquer la motivation, la concentration, la mémoire, l'imagination, mettre la pensée au travail, faire effort.

L'élève comprend quand il donne du sens à un texte, à une leçon, à ce que dit le professeur ; quand il rend intelligible ce qu'il doit apprendre grâce à ce qu'il connaît déjà.

L'élève réfléchit quand il examine une idée, un exercice, un problème, un énoncé en allant fouiller dans ses connaissances ; quand il fait le tour de la question posée pour y répondre.

Il passe par le sens pour comprendre. Il passe par le sens pour réfléchir à une question, à un problème.

Des élèves brillants le font si bien qu'il semblerait que cela soit évident. Ils écoutent le professeur, lisent un texte et, sans avoir à faire d'effort apparent, comprennent, élaborent leur réflexion.

Secrets de premiers de la classe :

- « Quand j'apprends une leçon, j'imagine que je suis le prof et que je dois l'expliquer aux élèves. Comme ça, je sais si je l'ai bien comprise. »
- « J'aime les problèmes de maths parce qu'ils sont très logiques. Si on a un élément de la solution, le reste vient tout seul. Alors, j'accroche à chaque type de problèmes un élément, un seul. »
- « Je fais souvent des schémas de mes leçons avec des cases, des flèches, des mots soulignés. Cela m'aide à ordonner les idées. »

L'évidence et l'illumination

L'évidence. Quand les choses sont simples, on les comprend sans faire le moindre effort. C'est comme une évidence. Si on aperçoit un chat coursant une souris, on comprend qu'il cherche à l'attraper pour la manger. On saisit le sens de cette scène parce qu'on a des acquis en mémoire : le chat est carnivore et, dans des dessins animés, on le voit aux aguets devant un trou de souris, rêvant qu'il est en train de la manger.

Il en est de même à l'école. Un élève se saisit de ce qu'il lit ou de ce que dit le professeur sans avoir l'impression de faire un effort. Si le professeur parle d'adjectif qualificatif ou de nombre décimal, l'enfant a dans sa mémoire de quoi décoder aussitôt ces mots. Il en a une compréhension immédiate.

L'illumination est un peu différente. Un élève lit l'énoncé d'un problème de géométrie. Il s'arrête quelques secondes, le temps de faire retour dans sa tête, et, eurêka, il trouve la réponse et fait aussitôt la démonstration. Pas plus que l'évidence, l'illumination n'est due au hasard ou à un talent particulier. Dans le cas de l'illumination, l'élève a non seulement mémorisé des explications données par le professeur, des démonstrations, des théorèmes, il a aussi automatisé certains savoirs et savoir-faire et n'a pas à chercher les propriétés de la médiatrice ou celles du parallélogramme. Dans sa réflexion, il saute des étapes automatisées, et cela va si vite qu'il n'a même pas conscience d'avoir « travaillé ».

Apprendre, est-ce seulement comprendre ?

Quoi de plus facile que de confondre comprendre et apprendre ? À un enfant, on demande d'apprendre une leçon d'histoire ou de biologie. La leçon est longue, l'enseignant n'exige pas le par cœur. Il demande tout simplement de l'apprendre, parfois il ajoute qu'il faut la comprendre.

Le saviez-vous ?
L'enfant en échec scolaire est le plus souvent un enfant qui se parle peu à lui-même. Il reste dans un apprentissage où l'imagination et la réflexion n'ont guère de place.

Pas toujours : il l'a dit déjà pour des leçons précédentes, donc il ne se répète pas, cela lui semble évident. L'enfant rentre chez lui. Il ouvre son cahier et se met à lire la leçon. Il la lit une fois, deux fois, parfois trois. À ses parents, il dit la savoir, ajoutant qu'il n'avait pas à l'apprendre par cœur. « Bien », disent ses parents, qui lui posent une ou deux questions auxquelles répond l'enfant.

A-t-il appris sa leçon ? Rien n'est moins certain. Car sait-il seulement ce que c'est qu'apprendre une leçon ? Est-ce le fait de l'avoir lue trois fois en élève consciencieux plutôt qu'une qui fait la différence ? Combien de lectures seraient nécessaires pour l'avoir comprise ? À quoi aurait-il dû réfléchir pour être certain de l'avoir vraiment apprise ? Quelles questions aurait-il dû se poser ?

La compréhension, si elle est nécessaire, n'est pas toujours suffisante, elle nécessite d'être accompagnée par d'autres apprentissages qui varient selon la matière, le type de leçon, l'attente du professeur. Ainsi l'enfant doit savoir énoncer (une définition, un théorème), distinguer deux notions (la Révolution française et la révolution industrielle), raconter (la découverte de l'Amérique par Christophe Colomb), dessiner (faire un schéma, une carte de géographie), expliquer (réfléchir à un texte, l'analyser), énumérer (les pronoms), automatiser (les tables de multiplication), répondre à des questions, réussir un exercice d'application.

Est-ce vrai ?

On dit :
« Un enfant qui donne de bonnes réponses est un enfant qui apprend bien. »

Oui, cet enfant sait. Encore que tout dépende du moment où il donne les réponses. Est-ce le jour même, le lendemain ou une semaine après ? À l'inverse, un enfant qui ne donne pas de bonnes réponses mais prend des risques, émet des idées, construit un raisonnement en grande partie correct est un enfant qui est dans un apprentissage intéressant et enrichissant.

Le par cœur, insuffisant sans la compréhension

Les enfants, tant au primaire qu'au secondaire, prennent l'habitude d'apprendre leurs leçons en les répétant jusqu'au par cœur. Ainsi les voilà rassurés d'avoir bien mémorisé. Le résultat de cet apprentissage peut être satisfaisant jusqu'aux premières années du secondaire. Mais les élèves qui ont délaissé la compréhension pendant toutes ces années s'écroulent, une fois arrivés dans les classes terminales. Là, il devient impossible d'apprendre une leçon sans la comprendre puisque les questions posées demandent un effort de réflexion.

Ce n'est pas le par cœur qui est un mauvais apprentissage en soi, mais le fait qu'il y ait souvent mémorisation sans compréhension. Un enfant peut apprendre une leçon par cœur si cela doit vraiment le rassurer, mais il ne peut se passer de l'avoir comprise, ce qui signifie qu'il s'empare du sens de la leçon.

Il va de soi que plus le sens de la leçon est clair, plus la leçon est facile à mémoriser.

Le par cœur obligatoire

L'objectif du par cœur est de pouvoir restituer avec exactitude et précision certaines données, ce qui n'exclut pas de comprendre ces données ou encore de réfléchir à la manière de les mémoriser au mieux.

L'enfant apprend par cœur :

- Les définitions, les théorèmes. Mais quand il les apprend, qu'il les récite, quand il les utilise, il les charge de tout leur sens.
- Les récitations. Mais il n'apprend pas une suite de mots vides de sens, il se fait des représentations visuelles. Il est attentif aux images et aux sons.
- Les tables de multiplication. Mais il utilise des stratégies, dont l'apprentissage à voix haute.
- Les dates. Mais il les charge de sens en comprenant l'importance des événements.
- Les conjugaisons. Mais il compare les temps, les modes des verbes, compare les terminaisons.
- Le vocabulaire étranger. Mais il s'imagine en train de parler. Il invente des phrases dans lesquelles il l'utilise.

> **Le saviez-vous ?**
> Réfléchir, c'est au moins autant se poser des questions qu'apporter des réponses. D'où l'intérêt d'apprendre à l'enfant à se poser des questions. « Que veux-tu savoir sur la bissectrice avant que nous n'allions plus loin dans la leçon ? »
> « Qu'aimerais-tu connaître au sujet des océans qui n'a pas été évoqué ? » On l'incite à dire « pourquoi » et « comment ». Poser une question, c'est déjà être dans l'intelligibilité.

Apprendre les leçons : un exercice impossible ?

Apprendre une leçon d'histoire, de géographie ou encore des sciences de la vie et de la terre, c'est pour l'enfant se constituer un savoir, un savoir unique, le sien. Et pour cela, point de par cœur, il passe par la compréhension : il s'empare d'un contenu, le confronte avec ce qu'il a déjà intériorisé, donne du sens aux connaissances. En se servant de ses propres références, il mémorise la démographie dans le monde, la circulation du sang et la Révolution française.

Le but de ces cours est que l'enfant intègre quelques acquis dans son bagage culturel. Malheureusement, certaines leçons surabondent de données au détriment du sens. Elles croulent sous les détails, ou encore les informations y sont tellement compactées que le texte est une succession d'abstractions. Or une surcharge de données nuit au sens parce que l'enfant ne sait pas aller à l'essentiel dans un texte et qu'il manque des références nécessaires pour le rendre intelligible. Il ne peut faire autrement que de mettre en mémoire du par cœur ou un semi-par cœur agrémenté de bribes de compréhension. Il ne peut passer par une compréhension fine ni par un travail de réflexion.

Or, dans ce genre de leçon, le par cœur, lorsqu'il est privé de sens, n'installe aucune réelle connaissance, ne permet pas de se faire des acquis. Une leçon privée de sens n'a pas d'utilité. À part celle, pour l'enfant, d'avoir une bonne note le lendemain.

Quand un enfant comprend une leçon, qu'il l'accroche à ce qu'il connaît, elle acquiert toute sa valeur car elle devient quelque chose qui lui est personnel.

Question de parents

Que dire à un enfant qui manque de rigueur dans son travail ?

« Je n'ai pas l'impression que ce que j'écris est faux, mais je n'ai pas de bonnes notes. » Myriam, 10 ans
« Le professeur met zéro à une réponse quand elle n'est pas toute bonne, je ne trouve pas ça juste. » Aurélien, 8 ans
« Mon professeur de français dit que je manque de précision. Elle note sévèrement. » Melchior, 12 ans

L'enfant ne peut pas rendre un devoir plein d'imprécisions en espérant que le professeur ira y pêcher quelque chose de juste. Il vaut mieux pour lui ne pas répondre à une question que d'écrire un peu n'importe quoi, qui a toutes les chances de tomber à côté. Il vaut mieux ne pas assembler deux ou trois bouts d'idées qui semblent correspondre plus ou moins à ce qui est demandé.
Que l'enfant n'essaie pas de tout faire, de répondre à toutes les questions. Mais qu'il apprenne à faire très bien le maximum de ce qu'il peut.
On l'habitue à la rigueur en ne tolérant pas les imprécisions, en lui interdisant d'écrire des choses qu'il ne comprend pas.

D'où l'importance de la parole de l'adulte qui navigue plus aisément dans toutes ces informations, ses connaissances lui permettant de sélectionner les informations utiles, de structurer, de hiérarchiser. L'adulte est le passeur qui donne du sens à la leçon. Grâce à des analogies, des exemples, en s'attardant sur des points qui aident à la saisie de sens, il fait des ponts avec ce que l'enfant connaît, avec sa réalité.

Secrets de premiers de la classe :

- « Pour m'aider à comprendre les leçons, je regarde les schémas, les tableaux, les photos, et je lis les légendes de ces illustrations. »
- « Quand je lis une leçon d'histoire ou de géographie, je me fais des représentations très réalistes de ce que j'apprends. »
- « Ce que j'aime le plus, ce sont les questions que je me pose quand j'apprends quelque chose de nouveau et que je ne sais pas encore. »

Acquérir du vocabulaire, une priorité absolue

On pense, on comprend, on réfléchit grâce aux mots emmagasinés en mémoire. Tout apprentissage intellectuel nécessite un capital de mots. Plus il est important, plus l'enfant est à même de bâtir sa pensée. Les élèves performants connaissent un grand nombre de mots. Grâce à eux, ils peuvent nommer, décrire, transmettre une idée, lire et comprendre, appréhender ce qu'on leur dit.

À l'inverse, un vocabulaire trop restreint serait la principale raison des difficultés rencontrées par les élèves dans l'apprentissage de leurs leçons, mais aussi en grammaire, en mathématiques, ou dans la lecture d'un texte et des énoncés. Toutes les études, celles de chercheurs et du ministère de l'Éducation nationale, mettent en avant un déficit lexical pour expliquer les échecs d'apprentissage.

Le vocabulaire compris par un enfant de six ans varie de 600 à 1 800 mots. Et déjà ces écarts sont porteurs d'inégalité : la pauvreté de vocabulaire perturbe l'apprentissage de la lecture.

Est-ce vrai ?

On dit :
« Un enfant commence souvent un devoir alors qu'il n'a pas compris tous les mots de l'énoncé. »

Oui, les trois quarts des élèves de primaire se heurtent à des mots tels que « inscrire, reporter, partager, constater, intervertir, successif, vitesse horaire, bénéficier d'un avoir, de quelle somme dispose », etc.
Et les élèves à leur arrivée au secondaire ne savent pas tous ce qu'ils ont à faire quand on leur demande de « regrouper, conclure, classer, substituer ».
Et pourtant, après avoir lu l'énoncé, ils se lancent dans le travail parce qu'ils se souviennent d'un exercice où ce mot était utilisé, et ils réussissent ; ou ils se lancent parce qu'il le faut bien, et là ils échouent.

L'enfant qui apprend à lire et à qui n'a pas été donnée l'occasion de fréquenter une grande variété de mots est donc handicapé dès sa première année d'apprentissage et s'il ne peut, en dehors de l'école, rattraper ce retard, cela peut nuire à toute sa scolarité. Il apparaît en effet que plus les enfants maîtrisent un vocabulaire riche et précis, plus ils ont de facilités dans leurs études.

Des recherches ont été faites sur le vocabulaire auquel se trouve confronté un élève dans sa première année du secondaire[1]. Un décompte amène à un total de **6 000 mots nouveaux** introduits dans les manuels. Un enfant, au cours de quelques mois, entend ou lit 6 000 mots qui lui sont étrangers, dont 2 000 mots en français, plus de 1 000 en histoire et 800 en géographie, près de 900 en éducation civique, 700 en anglais et pas loin de 200 mots en mathématiques.

Ces chiffres sont stupéfiants. Mais il n'est qu'à ouvrir un manuel scolaire et interroger un enfant sur la signification des mots pour s'assurer que ces nombres ne sont pas exagérés.

Les mots

Les mots que découvrent les élèves dans leurs manuels sont de quatre sortes :

– Les mots qu'ils ont peu l'occasion de rencontrer dans leur quotidien, tels composante, administrer, dislocation, interagir.

– Les mots de vocabulaire étranger : *der Wald, die Reise* (allemand) ; *forest, travel* (anglais).

– Les noms propres, ils fourmillent par exemple dans les cours d'histoire, tels Virgile, l'*Énéide*, Osiris, Troie et Jupiter.

1. Alain Lieury, *Mémoire et réussite scolaire*, Dunod, 2004.

– Les mots de métier, c'est-à-dire plus spécifiques à une matière : friche, taïga, sédentaire, polder, métropole (géographie) ; citoyenneté, démocratie (éducation civique) ; curie, censeur, aède, annone, disciple (histoire) ; médiane, bissectrice, théorème (maths).

On peut se demander, de tous ces mots rencontrés au secondaire par les élèves (11-12 ans), combien leur restent en mémoire à la fin de l'année.

Parmi les enfants testés, certains avaient mémorisé 4 000 mots. Ils étaient les plus brillants. Les moins bons n'en avaient retenu que 1 000 à 2 000. Un grand nombre (3 000 mots) séparait le meilleur (17/20) du dernier (4,5/20).

Astuce
Pour s'assurer qu'un enfant a bien compris un mot, lui demander de l'utiliser dans une phrase.

Les résultats de cette recherche se vérifient dans toutes les classes. Un élève qui réussit ses apprentissages possède un capital de mots important, et l'enfant en échec est englué dans des difficultés dues à un manque de vocabulaire. Privée de signifiants, sa pensée ne peut se développer confortablement. En lisant, il bute sur des mots qui le conduisent à des faux sens, à des contresens, à des blocages dus à tous ces trous noirs qui émaillent le texte. Pareillement, le voilà freiné quand il s'agit de réfléchir puisqu'il lui manque les outils que sont les mots.

Secrets de premiers de la classe :

- « Je coche au fil de mes lectures les passages intéressants. »
- « Je souligne au crayon les mots que je ne connais pas. Comme cela, je ne perds pas le fil de ma

lecture, et je pense ensuite à demander ce qu'ils signifient. »

- « Je me renseigne toujours sur les personnages que je rencontre dans mes cours d'histoire. »

Une richesse culturelle

Mais que signifie connaître un mot ? Est-ce pouvoir en donner la définition ?

L'enfant mémorise un mot. Non seulement il le comprend mais il sait l'utiliser. Il maîtrise son usage.

Le rôle des parents dans l'acquisition du vocabulaire est déterminant.

Il y a les livres que l'on donne à lire et qui font entrer l'enfant dans des univers particuliers avec un vocabulaire qu'il n'entend pas tous les jours.

Est-ce vrai ?

On dit : « Les enfants apprennent l'orthographe de mots dont ils ne comprennent pas le sens. »

Oui. Cela arrive parfois.

Ainsi, en primaire, quand ils apprennent la liste des mots en *al* qui prennent un *s* au pluriel : *bal, cal, carnaval, cérémonial, chacal, festival, régal,* ils connaissent le sens d'un ou deux de ces mots. De même pour les mots qui changent leur terminaison *ail* en *aux* au pluriel : *bail, corail, émail, soupirail, travail, vantail, vitrail.*

Et puis il y a ce qui se dit à la maison. On peut parler d'architecture, du domaine social, de la fraise dentaire, de la fonte des glaciers, du douanier Rousseau, de la tour de Babel ou des voitures à électricité. Les parents ne bannissent pas de leur vocabulaire ce qu'ils jugent trop difficile pour l'enfant. Tout simplement, ils lui expliquent ce que veulent dire les mots, grâce à des exemples, à des métaphores. Là encore, il est question d'équilibre. On ne le sature pas avec trop de mots nouveaux.

Que se passe-t-il pour l'enfant en grande difficulté de vocabulaire ? Il est confiné dans un monde où n'entre pas l'extérieur avec toutes ses richesses. Cela peut être dû à l'indisponibilité des parents pris par leur travail, ou encore à l'impossibilité pour eux de le laisser grandir. Dans l'un ou l'autre de ces cas, on n'ouvre pas l'enfant à la curiosité, on se limite au quotidien. L'enfant tourne en rond, dans un univers de mots fermé sur lui-même.

Pour enrichir le vocabulaire de l'enfant :

- On l'incite à lire les écrits les plus variés.
- On ne le renvoie pas systématiquement au dictionnaire, ce qui le découragerait ; on lui explique le mot.
- On aborde devant lui des sujets diversifiés.

Le vocabulaire familier

Le vocabulaire s'acquiert en grande partie par la lecture. L'enfant devine le sens des mots inconnus grâce à une compréhension globale, c'est-à-dire à partir des mots familiers du texte. Il s'approprie le mot au fur et à mesure de ses rencontres dans divers contextes. Lorsqu'il lit pour la première fois le mot « illustrer », il en devine le sens. Il comprend que cela concerne les livres avec du texte et des dessins, mais il a une représentation trop vague du mot, et il se peut qu'il écrive : « Dans ce livre, il illustrait les dessins. » Puis le sens perd progressivement de son flou. Et le mot, ayant été plusieurs fois rencontré, lui devient familier et entre dans son vocabulaire actif. C'est-à-dire que l'enfant sait non seulement le comprendre mais encore s'en servir. Il écrit : « Il avait toujours beaucoup dessiné, maintenant il illustrait des livres. »

Quand l'enfant apprend une leçon :

- On est attentif aux mots qu'il emploie dans sa reformulation.
- On vérifie qu'il comprend le sens des mots abstraits.
- On approfondit le sens d'un ou deux mots plutôt que d'en survoler plusieurs.

Savoir lire et comprendre

À l'entrée au secondaire, 70 % des élèves sont à l'aise avec les textes qui leur sont donnés à lire, qu'il s'agisse de maths ou d'extraits littéraires. Ils s'enrichissent des lectures. À chaque ouvrage parcouru, ils gagnent en compétences : mots inconnus rencontrés, obstacles grammaticaux surmontés. Quant aux autres élèves, ils ne maîtrisent pas les compétences de base. S'ils se saisissent du sens d'un texte court, ils ne peuvent faire de même dès que s'y glisse quelque complexité, et

Le saviez-vous ?
En maths, en français, il faut penser à lire toutes les questions d'un devoir avant de se lancer dans le travail. Parfois une réponse à une question précédente y est suggérée.

pour certains même – il s'agit de 10 % des élèves –, ils ne comprennent pas des mots et des énoncés fort simples.

Or, c'est la lecture qui aiguise la compréhension. Confronté à des phrases complexes, absentes du langage oral, l'enfant enrichit sa langue et peut déployer sa pensée, tenir un raisonnement.

Lire, c'est être attentif aux indices donnant une cohérence au texte. L'enfant se saisit des rapports qui unissent des éléments de phrases entre eux (le but, la cause, la conséquence, le moyen, ou encore la similitude ou la différence). Il comprend les emboîtements (une idée incluse dans une autre), les relations temporelles (avant, après).

- On vérifie que l'enfant établit des liens logiques, qu'ils soient ou non exprimés clairement dans le texte.

Lire, c'est être à l'aise avec les anaphores, ces petits mots (le, lui, en, y, lequel, celui-ci, dont...) qui remplacent un mot, une partie de phrase ou même des phrases entières, qui rappellent une idée exprimée. « Léon avait participé avec son père à de nombreuses parties de pêche. Cinquante ans plus tard, il s'*en* souvenait encore. » Très utiles pour éviter les répétitions, ces mots peuvent être des obstacles si l'enfant ne parvient pas à leur donner du sens.

- On demande à l'enfant de repérer dans une lecture les différentes façons dont sont désignés les personnages (il, lui, qui, etc.).

Lire, c'est savoir comprendre non seulement ce

Le saviez-vous ?

Une lecture hâtive des énoncés, sans une relecture qui vienne vérifier l'exactitude de ce que l'on a compris, ne permet pas de retrouver les règles, les formules, toutes les connaissances nécessaires à faire correctement un devoir.

qui est dit explicitement, mais encore les inférences cachées dans le texte. Ce qui découle du texte mais n'est pas dit. Si l'enfant lit que « dans les phares de la voiture de Léon ont surgi deux lièvres », il peut supposer, si rien par ailleurs ne vient le contredire, que Léon se trouve à la campagne et qu'il fait nuit.

- On s'amuse avec l'enfant à exprimer clairement ce qui est sous-entendu dans le texte. Lire, c'est reconstruire enfin le texte, non dans sa linéarité mais dans sa logique.
- On est attentif aux erreurs d'interprétation, aux oublis, qui renvoient souvent à des passages non compris par l'enfant.

Pour que l'enfant devienne un bon lecteur :

- On lui donne à lire des livres contenant quelques complexités de langage.
- On parle avec lui un langage suffisamment soutenu, non édulcoré.
- On lui donne l'occasion de lire des documents variés (roman, poésie, magazine...).

Enfants en détresse linguistique

Certains enfants parcourent toute leur scolarité avec difficulté, sauvés par les matières qui demandent plus de savoir-faire que de compréhension de l'écrit, sauvés par un par cœur qu'ils maîtrisent, également par une bonne écoute. Le cours qu'ils ont suivi en classe leur permet d'être plus ou moins à l'aise avec la leçon qu'ils ont à apprendre, celle-ci ayant été prédigérée par le professeur.

Question de parents

Que faire pour un enfant qui vient réclamer de l'aide en disant ne pas comprendre ?

« Je ne comprends rien au cours sur l'électricité. » Nahéma, 13 ans
« Quand je ne comprends pas un exercice, mon père me dit que je n'ai qu'à lire ma leçon, alors je sais que je ne vais pas comprendre et j'écris n'importe quoi. » Hugo, 11 ans

Que dit, comme tant d'autres, un enfant arrêté dans son travail ? *« Je ne comprends pas. »* Quand on lui demande ce qu'il ne comprend pas au juste, il ne peut que répéter : *« Rien, je ne comprends rien. »*
Ce qu'il attend en fait de ses parents est une explication qui viendra s'ajouter à celle donnée par le professeur. Il ouvre une case et attend qu'on la lui remplisse.
Le mieux sans doute est de lui demander d'expliquer ce sur quoi il bute exactement. Il doit l'exprimer en posant une question précise. Il la pose après un effort de compréhension, de réflexion. Ainsi, il a avancé jusqu'à un point de son cours ou de son problème. La réponse apportée alors par le parent fait sens car elle est attendue.

Et leur problème n'a jamais été clairement identifié. Ou, quand il l'est, après plusieurs années de secondaire, il est alors bien tard pour familiariser les élèves avec la langue écrite.

Mais comment se fait-il que l'on ne se soit pas aperçu plus tôt de leur empêchement à lire ?

Au primaire, les questions posées aux enfants après une lecture précisent leur degré d'attention à un texte simple et vérifient qu'ils se sont saisis de certains éléments : « Comment s'appelle l'oncle de Rémi ? Pourquoi Rémi prend-il le train ? » Mais elles ne permettent jamais de savoir s'ils sont passés par une compréhension fine du texte.

Parfois encore on leur demande de choisir entre trois titres – excellent test pour voir s'ils se sont saisis du sens général – mais là, ils ont une chance sur trois de tomber juste ; et s'ils se trompent mais ont répondu correctement aux autres questions, leur évaluation de lecture est bonne. Ils n'ont pas vraiment compris le texte mais la note qui valide leurs réponses dit le contraire.

> **Le saviez-vous ?**
> Les élèves ont pour la plupart peur de se tromper. Ils se questionnent davantage sur « Est-ce que j'ai la bonne réponse ? » que sur ce qu'ils pourraient dire ou exprimer. Ils n'osent pas prendre la parole pour élaborer leur réflexion.

Quand on lit avec un enfant :

- On évoque la situation, les personnages : de qui, de quoi parle-t-on ?
- On s'intéresse autant au déroulement de l'histoire (parce que, donc, après quoi...) qu'aux images.
- On résume en quelques mots ce qu'on a lu.

Réfléchir s'enseigne

Aussi étonnant que cela puisse paraître, réfléchir s'enseigne. Cela s'enseigne par l'exemple. Lorsqu'on explique à un enfant comment résoudre un problème, on peut lui dérouler la résolution, du début à la fin, de façon claire pour qu'il comprenne. Il saura comment résoudre ce problème et d'autres de ce type, il n'aura pas appris à réfléchir. Pour le lui apprendre, on « se met en scène », on réfléchit à voix haute, et l'on montre ainsi comment on y parvient : tâtonnements, allers et retours entre ce qui est donné dans l'énoncé et les acquis, hésitations, éliminations de fausses pistes en expliquant pourquoi. Si on réfléchit à voix haute, on permet à l'enfant de refaire la même démarche de réflexion, d'en refaire d'autres. On lui donne des modèles de pensée.

On fait de même pour traduire en français un texte anglais, allemand ou encore latin : on indique à quels mots on s'arrête, à quels indicateurs grammaticaux, et pourquoi. On « réfléchit » à voix haute, revenant sur une erreur que l'on aurait pu commettre, on donne la raison pour laquelle on choisit de traduire une expression de telle façon et non d'une autre. On ne lui offre pas des traductions toutes faites, on lui montre comment on parvient au sens.

Quand on travaille avec l'enfant :

- On préfère des exercices qui demandent de la réflexion à de simples exercices d'application.
- On réfléchit toujours à voix haute.
- On préfère à une réponse toute faite plusieurs cheminements, même si aucun n'aboutit.

Donner de l'importance au « si »

On peut amener un enfant à la réflexion en l'incitant à ajouter un « si », quand cela est possible, à son « oui » ou « non ». Le « oui/non » appartient à une pensée très restrictive qui ne laisse pas de place à l'imagination ni à la réflexion. Quand un enfant répond « oui » à une question, il arrête là sa pensée. De même s'il dit « non ».

Par contre s'il ajoute un « si », il ouvre une troisième voie qui est celle de l'imagination et de la réflexion. Ainsi, quand on lui demande s'il a aimé un film, on ne reste pas sur une simple affirmation, on le laisse s'expliquer. Il a ses raisons qu'il argumente : « J'aurais aimé si, j'aurais moins aimé si... » Il se lance ainsi dans une pensée personnelle, celle de la réflexion où tout est permis tant qu'elle reste dans la logique, ou celle de l'imagination, là il ouvre sa pensée à des possibles[1].

De même si, au lieu de dire « J'ai eu un 12 en grammaire », il ajoute « J'aurais eu une meilleure note si », il est dans l'analyse de son devoir, il est dans la réflexion.

Si à « Oui j'ai compris ce problème », il ajoute « cela aurait été plus difficile si » ou « j'aurais compris plus vite si j'avais pensé à », il ouvre la voie à tout un cheminement de réflexion.

Quand on dialogue avec l'enfant :

- On l'incite à ne pas clore trop rapidement une idée.
- On apporte des nuances à ses propos pour le faire réfléchir avec finesse.
- On le questionne : « Pourquoi crois-tu... ? »

1. Voir E. de Bono, *Réfléchir vite et bien*, Eyrolles 2006.

L'importance de la parole

Le langage s'apprend en grande partie à la maison. La réflexion s'initie elle aussi au sein de la famille. Il y a au cours de l'année scolaire des moments où le travail se fait moins lourd. Ils pourraient être un temps de questionnement et de réflexion avec l'enfant sur le champ scolaire. On l'aide à se sentir concerné. On ne peut pas lui demander de participer de façon active à des apprentissages sur lesquels il n'a aucune prise. Comment combiner liberté et rigueur ? Quelles sont les conditions d'un succès ? Comment se servir d'un échec ? Comment naviguer entre le savoir-apprendre, le savoir-faire et le savoir-être ? Il s'agit de développer chez l'enfant le sens critique, l'implication tout autant que la distance personnelle.

Psycho

Le temps du dialogue

Parler avec son enfant, communiquer avec lui, c'est d'abord l'écouter. On s'ouvre à son point de vue, on prend le temps de le comprendre. On abonde dans son sens, on souligne les aspects positifs dans ce qu'il exprime. On apporte des nuances, on relativise avec respect son point de vue, on aborde la question sous un autre angle.

On ne dit pas qu'il a tort, on lui demande d'expliquer sa pensée, d'argumenter. Dire à l'enfant qu'il se trompe sans prendre le temps de vraiment l'écouter est souvent ressenti par lui comme une marque de désintérêt, voire de mésestime, alors que le pousser à argumenter l'aide à se forger des idées personnelles, l'amène à la réflexion.

Il y a souvent de grandes richesses dans ses prises de position, ses appréciations, voire ses erreurs d'appréciation qui peuvent déconcerter. Plutôt que d'apporter la parole « juste », le rôle de l'adulte est d'aider l'enfant à préciser sa pensée, à l'enrichir, avant que de lui livrer la sienne. L'adulte ne doit pas réfléchir à la place de l'enfant, ce qui serait le meilleur moyen de l'en empêcher. Il doit être présent pour l'aider à construire sa pensée.

On plonge l'enfant dans un **bain de langage** et on le sollicite intellectuellement dans les conversations en lui prouvant que ce qu'il dit a de la valeur. On s'intéresse à la façon dont il construit sa réflexion. On évite les questions fermées qui renvoient à des réponses déjà là. On aborde des sujets divers, culturels, sociaux, politiques, également des sujets qui concernent plus directement l'enfant et lui donnent l'envie et l'occasion de s'exprimer, d'argumenter. On lui apprend à regarder, à écouter, à penser par lui-même, l'aidant ainsi à construire son intelligence, à quitter sa coquille, à s'ouvrir au monde.

Quand on parle avec l'enfant :

- On justifie toujours ses opinions.
- On l'incite à justifier les siennes.
- On les accepte sans les juger.

Les règles d'or

- Faire des schémas, des résumés, pour ordonner les idées
- Donner du sens à ce que l'on apprend par cœur
- Comprendre l'abstrait grâce à la métaphore, aux analogies, aux exemples
- Automatiser des savoirs et des savoir-faire pour faciliter la réflexion
- Se poser des questions quand on apprend quelque chose de nouveau
- Lire pour acquérir du vocabulaire
- S'intéresser à des sujets variés, en discuter
- Préciser sa pensée, justifier ses idées
- Donner autant d'importance aux questions qu'aux réponses
- Laisser vivre les idées pour ouvrir la réflexion

7

LES STRATÉGIES POUR UN TRAVAIL RÉUSSI

De l'organisation personnelle à l'autonomie

Pour de nombreux parents, il semble évident que réussir à apprendre dépend beaucoup de la volonté. Les bons élèves le seraient parce que, motivés, ils feraient des efforts ; les élèves en échec, parce qu'ils seraient paresseux ou du moins ne fourniraient pas les efforts nécessaires. Il suffirait donc d'apprendre, de répéter les leçons, de faire tous les exercices donnés par les enseignants pour connaître une scolarité sans problème.

Les élèves qui réussissent ne savent pas toujours expliquer pourquoi ils travaillent plus vite que leurs camarades, pourquoi ils travaillent mieux. Ils s'organisent, utilisent des stratégies, gèrent le temps, toutes choses dont ils ne sont pas forcément conscients. Ils savent travailler.

Sans doute est-ce intuitif, ou encore mettent-ils en pratique un conseil donné en classe ou à la maison, que les autres occultent car leurs pensées sont alors prises par d'autres tâches ou parce qu'ils pressentent qu'il leur faudra changer d'habitude, faire preuve de davantage de rigueur, de discipline. Si on leur dit que tout deviendrait plus facile, ils n'y croient pas vraiment.

Il y a en premier lieu ces habitudes de vie que, dès la première année d'école, ils ont dû changer : heures de lever et de coucher auxquelles ils ne peuvent plus déroger. Voilà pour eux la première contrainte dont ils ne comprennent pas vraiment l'intérêt. Alors pourquoi se plieraient-ils à d'autres habitudes qu'ils pensent toutes aussi frustrantes ? Stratégies, méthodes de travail : ils n'imaginent pas l'importance de ce savoir-faire nécessaire à un bon apprentissage.

Le saviez-vous ?

Dix minutes par jour de transport équivalent à dix minutes de temps mort. On en arrive à cinquante minutes par semaine. Voire une heure.

Voilà du temps qui permettrait d'apprendre une poésie, les tables de multiplication, de réviser son vocabulaire d'anglais. Il ne s'agit pas de travailler plus, mais autrement. On utilise intelligemment le temps. On le recadre.

Conditions matérielles pour un bon travail à la maison

Où l'enfant doit-il travailler ? Sur la table de la salle à manger ou celle de la cuisine ? Ou, mieux, dans sa chambre ? Mais comment faire quand la maison est petite et que les enfants partagent une seule chambre ? Le problème ne se pose pas vraiment en termes de lieu précis. Les enfants ont des préférences qu'il est bon de respecter tant qu'elles leur sont favorables. Certains préfèrent étudier dans la cuisine, tandis que leur mère vaque à ses occupations, d'autres aiment se réunir en fratrie autour de la table de la salle à manger, les plus grands intervenant parfois pour aider un petit. D'autres encore, adolescents pour la plupart, s'enferment dans leur chambre. Parfois cet isolement est productif : ils se concentrent dans le silence et font leurs devoirs, ouvrant la porte quand ils ont besoin d'un renseignement ou d'un conseil, pour mener leur travail à bien. Mais l'isolement n'est pas synonyme de travail. On peut les croire en plein labeur, surtout si, entrant dans leur chambre, on les aperçoit assis, livres et cahiers ouverts. Leur allure studieuse ne veut rien dire, il se peut aussi bien qu'ils rêvent et que l'heure passée à leur table ne corresponde en fait qu'à quelques minutes d'apprentissage.

Pas de lieu précis, donc, mais des conditions favorables :

Un espace visuel.

La table de travail, quelle qu'elle soit, est vide d'objets qui pourraient inciter à la distraction.

Le silence.

L'enfant travaille dans le silence qui permet la concentration. Il est déraisonnable d'étudier avec en bruit de fond la télé, la radio ou encore des chansons. Il y a des enfants pour dire qu'ils ne peuvent travailler qu'en écoutant leur chanteur ou leur groupe favoris. Rien de plus faux. Ils ont tout simplement une très mauvaise habitude. Ils ne peuvent se concentrer, et ce n'est pas la musique alors qui les perturbe mais les paroles. Les paroles d'une chanson, d'une émission télé gênent l'apprentissage car elles interfèrent avec le sens si le travail passe par la compréhension ; ou elles interfèrent avec les mots s'il s'agit de par cœur.

Une bonne source lumineuse.

Placée de préférence à gauche de l'enfant – ou de l'autre côté pour un gaucher – de façon à ne pas créer de zones d'ombre. Elle doit éclairer suffisamment le plan de travail pour éviter la fatigue visuelle.

Est-ce vrai ?

On dit : « Travailler vite signifie travailler bien. »

Non. Si l'enfant bâcle son travail pour le terminer au plus tôt.

Oui. La motivation vient avec le sentiment d'être productif et efficace.

Des outils à portée de main

Ou du moins regroupés sur une étagère afin que l'enfant puisse les trouver dès qu'il en a besoin. Dictionnaires, atlas, grammaire.

Secrets de premiers de la classe :

- « Dès que je rentre chez moi, j'éteins mon portable et je le laisse à l'entrée pour ne pas être tenté d'appeler un copain. Je le récupère une fois mon travail terminé. »
- « Ma chambre est couverte d'affiches. Mais en face de mon bureau, le mur est vide. Comme ça, je ne suis pas distrait quand je fais mes devoirs. »

S'organiser

L'adolescent adopte les bons réflexes d'organisation pour réussir sans trop peiner, car les exigences au secondaire sont fortes et la charge de travail, importante. De plus, avoir plusieurs professeurs contraint l'adolescent, jouissant d'une grande autonomie, à la gérer intelligemment. S'organiser, c'est réunir plusieurs éléments : le temps, les matières étudiées, les objectifs.

Gérer le temps

Organiser le temps entre travail et autres activités

Le jeune éprouve des difficultés à gérer les besoins de l'élève et ceux de l'adolescent qu'il est. Rentré chez lui, après les heures passées en classe, il se met au travail,

Psycho

Les rituels

Les parents instaurent plus facilement les rituels de travail quand ont été établis d'autres rituels auxquels tient l'enfant, comme la lecture le soir et le goûter/dîner du dimanche. Ils l'instaurent d'autant mieux que l'enfant est jeune. Il est à un âge où l'on veut faire plaisir et, si le rituel n'est pas trop contraignant, il s'y plie et l'habitude est prise.
Malheureusement, ce qui arrive parfois est que les parents s'y résolvent quand l'enfant est en échec, ce qui est le pire moment, l'enfant ayant alors du mal à se motiver.

poussé par l'urgence du lendemain. Il étudie au gré de son humeur, de sa fatigue, des appels des copains, de ses envies diverses qui l'entraînent ailleurs, au gré aussi de son désir de réussir ses devoirs.

Il est pourtant impérieux de découper le temps avec pertinence : travail scolaire, occupations artistiques, activités sportives, pauses, loisirs et enfin sommeil. Poussés par le sentiment que, hors vacances, on doit se consacrer à son travail et seulement à cela, de bons élèves ont l'impression de voler chaque moment de liberté qu'ils prennent. Alors que ces moments sont fondamentaux pour leur équilibre. D'autres ont l'impression de n'avoir jamais un moment à eux : ils vivent un temps sans frontière où travail et moments creux se mêlent. La fatigue est alors d'avoir la tête prise par le travail : non celui effectué mais celui que l'on doit faire et que l'on repousse. Alors, ces temps de non-travail sont des instants où, contraints et culpabilisés tout à la fois, ils ne se sentent pas libres. Ils ne sont pas en repos, pas en plaisir. C'est un temps vicié.

Du moment que le temps de travail a été clairement délimité, et qu'ils s'y tiennent, le sentiment qu'ils en ont s'approche au plus près de ce qu'il doit être.

Secrets de premiers de la classe :

- « Je ne travaille jamais avant de me coucher. Je garde la dernière heure pour lire ou écouter de la musique. »
- « Je me couche tous les jours à la même heure. Sauf pendant les vacances. »

Organiser le temps consacré au travail

Pour avoir plus de facilité à se mettre au travail, l'enfant a décidé d'une heure et il s'y tient car, plus il attend, plus la mise en route est pénible. C'est toujours un moment critique où l'on a tendance à gaspiller le temps, ce qui contraint ensuite à empiéter sur les activités suivantes pour rattraper ce temps perdu.

Il faut se connaître si l'on veut bien gérer le temps. L'enfant observe ses habitudes, s'interroge. Passe-t-il beaucoup de temps à chercher ses brouillons, sa calculette ? Repousse-t-il toujours au lendemain le travail où il est en difficulté ? Finit-il ses devoirs dans les temps ? A-t-il l'habitude de faire une seule chose à la fois ou se disperse-t-il ? Sait-il utiliser les temps morts, ces petits moments vides d'activité et qui ne sont pas non plus des moments de plaisir ou de réelle détente ?

Secrets de premiers de la classe :

- « Je finis toujours mon travail avant de me brancher sur Internet. »
- « Une heure pour mes devoirs, une heure de guitare, puis de nouveau un peu de travail les jours de révision. »

Gérer le temps à l'intérieur d'un travail

Pour ce faire, l'enfant se sert de sa montre ou d'un réveil posé sur la table. Le temps est élastique. Plus on dispose de temps pour accomplir une tâche, plus on en prend. Mais cela ne veut pas dire que le travail soit meilleur. On traîne. Or on peut travailler vite et bien. D'où l'intérêt de respecter les limites que l'on s'est fixées. On borne raisonnablement sa séance et, pour travailler vite et bien, on se concentre.

Psycho

Il n'y arrive pas

Si l'enfant ne parvient pas à se tenir à son emploi du temps, on n'a pas de jugement de valeur du type « Tu es nul » ; on ne dit pas non plus « Fais ceci », mais plutôt : « As-tu essayé cela ? » Puis on l'aide les premiers temps et à chaque fois qu'il flanche. Il est plus facile de se remettre sur des rails quand on est en train de les quitter que si l'on en est sorti. On encourage l'enfant à respecter tant ses plages de travail que les moments d'activités artistiques ou physiques, sans oublier ses moments de liberté. On montre son intérêt quand il y est parvenu harmonieusement.

L'enfant s'installe à sa table et déjà à ce moment-là, il fait le silence en lui, il se prépare au travail, comme un athlète, puis il se lance sans traîner, sans se laisser décourager par la difficulté de l'exercice, la longueur de la leçon.

Secrets de premiers de la classe :

- « Quand je fais un devoir, je demande au prof en combien de temps je dois le faire. »
- « Quand mon devoir est long, je le fais en une seule fois, mais je prends des pauses de quelques minutes. »

Organiser le temps en fonction du travail demandé

Peu d'élèves savent anticiper en entrant au secondaire. C'est souvent au dernier moment qu'ils font un devoir ou apprennent une leçon. Or leur emploi du temps est rarement équilibré et des journées concentrent les matières exigeant le plus de travail en amont. Il arrive aussi qu'ils aient à préparer plusieurs contrôles dans la même semaine. Si le travail leur a été donné quinze jours auparavant, on les dirait pris la veille par surprise. Et leur résultat s'en ressent.

Question de parents

De quelle aide peuvent être les parents en ce qui concerne l'emploi du temps d'un adolescent ?

Il s'agit pour les parents d'être une aide et non d'établir l'emploi du temps de leur adolescent. En effet, celui-ci s'y tiendra d'autant plus volontiers qu'il aura l'impression d'en avoir décidé lui-même. Cependant, il n'est pas évident pour lui d'avoir une bonne vision des exigences du travail, de ses capacités, de ses besoins.
Les parents analysent l'emploi du temps donné par les enseignants et les *desiderata* de leur adolescent, repèrent les grandes plages libres et les encombrements, les éventuels déséquilibres, et font émerger des principes de base, qui seront utiles à leur enfant pour établir un emploi du temps raisonnable.

Anticiper son travail, le planifier. Ainsi on évite la procrastination, cette habitude à repousser toujours au lendemain ce que l'on a à faire, ce qui a pour résultat un travail bâclé. On étudie avec plus d'efficacité et moins de stress quand on anticipe.

L'enfant s'organise pour faire le travail donné à l'avance. Il tient à jour son agenda scolaire, qu'il consulte régulièrement. Sa tenue doit être lisible, précise et complète. À le lire, il décide de ce qui est urgent, important, et de ce qui l'est moins. Il établit des priorités et tâche de répartir son travail sur la semaine. Il marque sur l'emploi du temps l'usage des heures entre deux cours (lecture, révisions...). Il détermine les grandes échéances.

Secrets de premiers de la classe :

- « Mes devoirs, je les fais à l'avance chaque fois que je peux, comme ça, je suis sûr de ne pas travailler le dimanche ou le soir de ma série télé ou de mes rendez-vous sur le Net. »
- « Je répartis mes devoirs et mes leçons de la semaine. Je ne travaille jamais après le dîner et jamais le dimanche. »

Organiser le temps en fonction de ses objectifs

L'enfant se fixe des objectifs selon les disciplines. Cela lui permet d'adapter son travail, de le doser, de savoir où concentrer son énergie.

Il y a des objectifs à court terme, comme réussir un contrôle, ou comprendre une règle de grammaire, un théorème mal maîtrisé ; des objectifs à moyen terme : progresser dans une discipline ; des objectifs à long terme : passer dans la classe supérieure ou en terminer avec ses difficultés dans une matière.

Les objectifs sont revus régulièrement en fonction des résultats.

Pour planifier son temps en fonction d'objectifs personnels, il y a obligation pour l'enfant de prendre en compte les facilités qu'il a dans chaque matière, ses difficultés, ses lacunes. Le temps est non seulement fonction du travail demandé mais de son niveau, de ses facilités ou non à apprendre dans cette matière, de ses acquis.

Le saviez-vous ?

Le zapping est devenu une façon de fonctionner. Les enfants ne zappent pas seulement en regardant la télé, ils zappent sur Internet, ils zappent d'une activité à une autre. Ils zappent aussi en cours. C'est en tout cas le constat de maints enseignants, qui se plaignent que leurs élèves trouvant de l'intérêt à un sujet pendant un très court moment, il leur faut passer à un autre thème s'ils veulent réveiller leur attention. Difficile d'entrer à fond dans un travail si l'on s'éparpille. Alors, faire en sorte que l'enfant termine toujours ce qu'il a commencé. Et qu'il ne passe pas d'une activité à une autre pour revenir à la première.

Dresser un bilan dans chaque discipline

Il s'agit pour l'enfant de faire un bilan dans chaque discipline, grâce à quoi il peut ensuite développer des conduites réfléchies, sachant où doivent porter ses efforts, quelles habitudes changer ou encore conserver, quelles techniques améliorer.

On l'aide à s'observer en train de travailler dans les matières où il est performant et dans celles où il ne l'est pas. Quels types d'exercices le bloquent ? Son attention est-elle suffisante pendant une tâche ? Comment lit-il un énoncé ? Le reformule-t-il avec ses mots ? Comment apprend-il ? En une seule fois ou en plusieurs ? Passe-t-il par le par cœur ou la compréhension ? Analyse-t-il ses erreurs ? Imagine-t-il les questions qui pourront être posées ? Les résultats sont-ils à la hauteur du temps passé à étudier ?

Définir des objectifs réalistes

En fonction des notes et des résultats, l'enfant définit ses objectifs. Tenir sa moyenne en dictée, monter sa note d'un point en histoire, améliorer son expression écrite, ses connaissances en espagnol. Bien entendu, il faut se donner les moyens d'atteindre ses objectifs. Et l'enfant se demande ce qu'il peut faire concrètement pour maintenir son niveau ou encore progresser.

Le saviez-vous ?
Plus on a de difficultés dans une matière, plus on doit participer en cours.

Il peut s'agir de relire le cours avant de faire les exercices, de changer de place en classe pour être plus attentif, de revoir cinq minutes tous les soirs ses tables de multiplication ou les propriétés des figures géométriques.

Il ne suffit pas de le décider, encore faut-il s'y tenir plus de quinze jours. Aussi l'enfant prend-il des décisions raisonnables. Travailler en fonction d'objectifs, c'est être réaliste sous peine de craquer si l'on y passe trop d'heures ou de se décourager si l'on a visé trop haut et qu'on n'atteint pas son but.

Secrets de premiers de la classe :

- « Depuis que je me suis fixé des objectifs, je travaille en fonction de ces buts, je me sens responsable et je travaille mieux. »
- « Mon but est de bien comprendre la langue quand j'irai chez mon correspondant allemand, alors chaque jour j'apprends vingt minutes de vocabulaire. »

Faire des plannings

Faire des plannings demande un peu d'entraînement. Des erreurs d'appréciation sont fréquentes au début, mais on parvient assez vite à les maîtriser.

Chaque week-end, l'enfant établit l'horaire des activités de la semaine à venir. Cela lui permet de répartir harmonieusement le travail, d'établir les priorités de chaque jour.

Psycho

Les uns et les autres

Dans les familles à grande fratrie, il est difficile pour les parents de gérer leur emploi du temps et ceux des enfants, de faire en sorte qu'ils s'intègrent les uns dans les autres sans provoquer de tensions. Comment éviter que l'apprenti pianiste ne se mette à faire des gammes alors que sa sœur fait des exercices de maths et que le père, pour se détendre, ne se lance dans un bricolage bruyant ? Une réunion devrait permettre d'établir un emploi du temps familial. On y note les choses incontournables, on négocie le reste. On l'accroche de façon lisible dans la cuisine ou ailleurs, là où tous peuvent s'y référer facilement. On évoque les problèmes pour fixer de nouveaux arrangements.

De même, grâce aux prévisions à long terme, il a une vue d'ensemble du trimestre, avec ses moments forts et le temps des vacances.

Il est bon de ne pas attendre d'avoir des difficultés ou d'être débordé. Le mieux est de commencer au début de l'année. Et, l'habitude aidant, un planning

Question de parents

Comment aider un enfant allergique aux habitudes ?

« Tous les jours, je me lève à 7 h, je me couche à 10 h, et au collège, j'ai maths tous les lundis à 8 h et j'ai anglais tous les vendredis à 11 h. Alors à la maison, je ne peux pas travailler toujours aux mêmes heures. » Romain, 12 ans

« Pour que mes parents me laissent en paix, je fais un emploi du temps bien grand. Je le remplis. Il n'y a pas une place vide. Mais je ne le regarde pas. » Julie, 13 ans

Les enfants se plaignent d'avoir à se plier à ce qu'ils ressentent comme des contraintes, et les adolescents plus que les autres. Aussi on évite de leur imposer des habitudes au prétexte qu'elles seraient les meilleures pour eux.

On les aide à décider de leur programme de travail, de leur emploi du temps (travail, film, sortie, activités extrascolaires) et l'on montre de la souplesse pour ce qui concerne leur quotidien dans la maison, dont la tenue de leur chambre par exemple.

S'ils ne comprennent pas à l'entrée au secondaire que certaines habitudes n'ont des contraintes que l'apparence, alors on donne du joyeux à certains rituels familiaux, comme les repas ; on y glisse des innovations, montrant par là qu'il existe des respirations possibles, que l'on peut colorer différemment toute situation.

se fait en quelques minutes et on ne peut plus s'en passer.

Un bon programme doit rester souple pour intégrer les imprévus : une invitation, une angine, et les moments de paresse méritée où l'on décide de ne rien faire du tout.

Une chose d'importance à ne pas oublier est de se faire plaisir, de se récompenser. Une part de gâteau au chocolat une fois le devoir de maths terminé, une séance de cinéma avec les copains pour savoir enfin maîtriser le temps des verbes en anglais, un dimanche au fond du lit avec des bandes dessinées pour avoir progressé d'un point en physique.

Secrets de premiers de la classe :

- « Je me suis fait un emploi du temps et je l'ai scotché sur le mur au-dessus de ma table. C'est plus facile pour tenir mes résolutions. »
- « J'ai un planning que je colore : en rouge, les moments fixes que je ne peux pas changer ; en bleu, ceux qui servent aux imprévus ; en blanc, mes heures de liberté. »

Utiliser les bonnes méthodes

L'école apporte des savoirs, enseigne quelques savoir-faire. Quant aux méthodes, l'élève est souvent laissé à ses propres tâtonnements, ou il en a des aperçus insuffisants pour pouvoir vraiment les utiliser. Et pourtant ces méthodes n'ont rien de sorcier et sont essentielles pour qui veut travailler « vite et bien ».

Les erreurs, outils de travail

Pourquoi les enfants recommencent-ils toujours les mêmes fautes : il y a celui qui, en anglais, oublie le *s* à la troisième personne du singulier ; l'autre qui, après trois ans de rabâchage, ne sait toujours pas accorder le participe passé ; un troisième qui, en grammaire, flotte dans l'indécis et amalgame nature et fonction ; sans parler de celui qui se trompe systématiquement dans la lecture des énoncés.

> **Le saviez-vous ?**
> Poser des questions en classe aide à rester attentif, à ne pas se laisser aller à la rêverie.
> De plus, en posant des questions, l'esprit est déjà au travail, il se prépare à comprendre, à mémoriser. Il est prêt.

On confond généralement la faute et l'erreur. Or l'erreur n'est pas une faute si on la considère comme un moyen d'apprendre. L'erreur sert à progresser. Il n'est qu'à l'analyser pour en comprendre la cause, à partir de quoi on peut la corriger et avancer ainsi dans la connaissance.

Sans acceptation de l'erreur, il n'y a pas de possibilité d'apprentissage, de création, d'innovation, d'invention. Pas de réflexion possible. Nulle avancée, dans aucune direction.

L'erreur est essentielle à l'apprentissage. Il faut pourtant se montrer prudent : l'enfant qui apprend se sent souvent dévalorisé quand on se penche sur ses erreurs ou qu'on lui demande de le faire. **D'où la nécessité de dédramatiser l'erreur, de la dépénaliser.** Une fois qu'il a compris qu'elle fait partie intégrante de l'apprentissage, il lui donne le rôle positif qui est le sien.

On attribue un sens différent à la faute et à l'erreur.

De l'importance des corrections personnelles

Là, il s'agit des corrections de l'enfant chez lui et pas seulement de celles avec l'enseignant. En effet, 80 % des corrections faites en classe ne sont pas mémorisées, soit que l'élève ne comprenne pas, ou qu'il soit inattentif, soit encore qu'il ne fasse pas le lien entre la correction et son erreur.

L'enfant examine les devoirs qui lui sont rendus, analysant les erreurs mais s'arrêtant aussi aux points difficiles qu'il a surmontés. Ce regard sur ses réussites est utile pour mesurer l'efficacité du travail et évaluer les progrès.

Secrets de premiers de la classe :

- « À la maison, je reprends les contrôles rendus par le prof et je repère mes erreurs pour ne plus les refaire. »
- « Je demande aux profs de m'expliquer les commentaires de mes devoirs quand je ne les comprends pas. »

Cause des erreurs

Aussi diverses que paraissent les erreurs, elles sont en fait au nombre de trois :

- **Erreurs dues à un problème de mémorisation**

Souvent pour ne pas être passé par la compréhension, l'enfant n'a pas mémorisé la leçon ou l'a mal mémorisée. Ou il ne l'a pas comprise : il en a un vrai souvenir, mais erroné. Ou encore il a bâclé son apprentissage en survolant le cours.

• **Erreurs dues à une absence de savoir-faire**

L'enfant a mémorisé le savoir mais ignore comment l'appliquer. Dans ce type d'erreurs, il ignore quand et comment utiliser la connaissance. Il ne sait pas appliquer une règle, un théorème, et se débrouille comme il peut : il ne les met pas en pratique ou les utilise à mauvais escient.

• **Erreurs dues à un défaut d'automatisation**

L'enfant a mis en mémoire le savoir, sait l'appliquer, et cependant il échoue, car d'autres tâches viennent compliquer son travail.

Il est facile de mener dans le même temps deux activités automatiques. Ainsi, un enfant peut, tout en écrivant, accorder un verbe et un sujet (« Les garçons chassent les papillons »). Mais si l'accord est complexe (« Les garçons ont chassé les papillons ») et que l'enfant n'a pas automatisé la règle d'accord du participe passé, il se peut qu'il échoue à écrire sans se tromper. En effet, il est difficile de traiter simultanément plusieurs activités nécessitant un contrôle conscient, comme accorder un verbe (mettre ou non un *s* au participe passé dans « Les garçons ont chassé les papillons ») tout en maintenant en mémoire les mots dictés par le professeur (« Cet été-là, les garçons ont chassé les papillons, des petits jaunes et bleus, et des grands dont ils n'ont capturé qu'un seul spécimen »).

S'attaquer aux erreurs

Les trois types d'erreurs amènent bien entendu pour l'enfant des façons d'agir différentes.

Travail sur la connaissance quand la mémorisation est en cause : « Qu'est-ce que je croyais savoir à ce sujet ? Qu'est-ce que je sais maintenant ? », se demande l'enfant.

Entraînement au savoir-faire pour celui qui connaît la règle mais ne sait pas l'appliquer : « Quand et comment vais-je avoir à l'utiliser ? », se dit-il.

Quant aux erreurs dues à l'incapacité à faire trop de tâches en même temps, pour les limiter, il faut lui apprendre à gérer des activités complexes, l'entraîner à passer en automatisme tout ce qui peut l'être. Ainsi, il doit savoir écrire correctement un participe passé sans s'y attarder pour libérer son esprit en train de plancher sur un devoir de français ou de géographie.

Secrets de premiers de la classe :

- « Je déteste faire les mêmes fautes, alors je les corrige. Et quand je ne les fais plus, je suis content. »
- « Je fais une liste des erreurs que je ne dois pas refaire. Comme ça, je ne les oublie pas. J'y pense aux devoirs suivants. »

Automatiser pour libérer son esprit

Au-delà des connaissances, ce qui différencie les élèves est que certains ont automatisé un savoir-faire et les autres non. Celui qui est performant a transformé des savoirs en réflexes libérant son esprit. Il peut ainsi s'adonner plus librement à des tâches complexes.

Pourquoi tant d'élèves ont-ils du mal à écrire sans fautes d'orthographe ? C'est qu'ils ne savent pas **appliquer de façon automatique** les règles de grammaire et doivent s'arrêter pour y réfléchir. Si, dans le texte, les règles sont nombreuses, leur esprit débordé ne peut travailler correctement.

Libérer son espace mental grâce à des réflexes, c'est récupérer de l'énergie, travailler mieux et de façon moins fatigante. Un élève performant fait multiplications et divisions sans avoir à réfléchir, libérant son esprit pour se concentrer sur son problème de maths. Un élève performant construit une phrase négative en anglais sans s'interroger, pas plus qu'il ne s'interroge sur la place du verbe en allemand.

Automatiser un savoir, c'est pouvoir l'utiliser sans avoir conscience d'appliquer une règle (règle de grammaire dans une dictée), sans avoir à la chercher dans sa mémoire (tables de multiplication pour faire une division).

S'il veut acquérir des automatismes, l'enfant ne peut se contenter d'apprendre, il doit utiliser souvent ce qu'il vient d'apprendre. Ainsi, pour automatiser les tables de multiplication, il ne se contente pas de les réciter, il fait des multiplications et des divisions.

Secrets de premiers de la classe :

- « J'ai appris les tables de multiplication à l'endroit, à l'envers et dans le désordre. Je ne cherche jamais les réponses dans ma tête. »
- « En anglais, quand j'apprends une règle, je me fais plein d'exemples jusqu'à ce que je n'y pense plus. »

La vérification efficace

Combien d'élèves se lancent dans un exercice sans avoir vérifié qu'ils ont bien lu son énoncé ! Puis on les voit le nez en l'air après qu'ils ont écrit une phrase sans penser à la relire. Ils sont contents d'avoir compris un devoir et ferment leur cahier sans vérifier qu'ils n'ont pas fait d'erreurs de calcul ou de fautes d'orthographe. Ils terminent un problème sans s'interroger sur la logique de leur réponse. Et ce sont pour la plupart de bons élèves. Alors, quand on examine leurs copies et qu'on y relève des fautes absurdes, ils évoquent des fautes d'inattention. Et pour eux, une faute d'inattention, ce n'est pas très important.

> **Astuce**
> Plutôt que de donner des solutions immédiates à l'enfant, on reformule ce qu'il a dit afin qu'il y voie plus clair.

La vérification est un acte que les élèves ne font pas spontanément, et pourtant elle a son importance tout au long du travail. Combien d'erreurs sont corrigées grâce à une relecture attentive du devoir ; que de hors sujets, de digressions sont évités, quand on pense, en écrivant, à vérifier que l'on répond bien à la question !

Combien de devoirs seraient réussis grâce à une seconde lecture des énoncés ! Près de 50 % des échecs (erreurs, contresens, incompréhension, trous noirs) sont dus à la précipitation, à une lecture trop rapide de ce qui est demandé.

Autre vérification incontournable : celle que l'on effectue en fonction des erreurs relevées dans les devoirs précédents et dont les corrections ont été mises en mémoire. L'enfant sait en commençant son devoir ce à quoi il doit prêter une attention particulière.

Vérification des devoirs, mais également des leçons. L'enfant vérifie s'il a bien assimilé ce qu'il vient d'apprendre : « Qu'ai-je retenu d'important ? », se demande-t-il. « Quels sont les théorèmes, les définitions ? »

Secrets de premiers de la classe :

- « Je travaille les énoncés comme s'ils avaient des secrets à me dire. »
- « Je vérifie que je n'ai pas fait de fautes d'orthographe, même dans mes copies de maths. »

Travail à voix haute

Travailler à voix haute est une méthode nécessaire à certaines tâches. Travailler à voix haute signifie essentiellement, pour l'enfant, écouter ce qu'il dit.

Le saviez-vous ?
Les petits à qui l'on demande de prononcer les mots de la dictée font beaucoup moins de fautes d'orthographe que ceux qui écrivent sans remuer les lèvres.

Certains apprentissages en sont facilités : tables de multiplication qu'il ânonne, récitations qu'il déclame, cela il le fait d'instinct. Il y a les mots nouveaux qu'il doit prononcer et écouter afin qu'ils s'inscrivent parfaitement dans la mémoire, et le vocabulaire des langues étrangères qu'il est déraisonnable d'apprendre silencieusement.

Mais il y a également les leçons, ainsi l'histoire et la géographie. Le fait de s'entendre apporte un supplément à la mémoire. Une autre raison est que **l'enfant qui apprend à voix haute a moins tendance à traîner, à rêvasser**. La voix donne de l'allant à l'esprit.

Apprentissage des leçons, mais également travail écrit : exercices sur les nombres, travaux de grammaire, rédaction. Le problème dans ce genre de travail est que l'enfant ne vérifie pas en s'écoutant que ce qu'il écrit sonne juste. Ainsi il peut écrire « Hier, nous regardîmes voler les mouettes au-dessus du bateau » sans que cela le gêne. Mais qu'on lui demande de lire à voix haute et de s'écouter, et il se rend compte aussitôt de son erreur et parfois la corrige de lui-même. Pareillement, il suffit de lui suggérer de travailler à voix haute pour qu'il sache transcrire correctement des nombres de chiffres en lettres, ou l'opération inverse. Écrire 9 005 564 en lettres ne lui pose plus problème une fois qu'il a appris à lire ce nombre et à écrire ce qu'il est en train de prononcer.

Comment faire une rédaction sans, à un moment donné, la lire tout haut ? L'enfant repère plus facilement les lourdeurs, les répétitions ou les changements non pertinents de temps des verbes. Il vérifie que la pensée, qui va infiniment plus vite que la main, a néanmoins bien été retranscrite sur sa feuille. Si l'on demande à un enfant de lire son texte à voix haute, de s'écouter pour souligner les passages lourds, incorrects, les erreurs de syntaxe, il les repère alors qu'il ne les avait pas remarqués à la seule lecture. Il a noté telles quelles les idées qui lui venaient, a écrit des phrases longues et compliquées afin de s'approcher de ce qu'il croit être le langage écrit. Il n'a pas oralisé son texte, il ne l'a pas écouté.

Ce travail à voix haute, facile à réaliser à la maison, est remplacé en classe par le seul travail d'écoute. L'enfant apprend à se parler dans sa tête. Il prononce silencieusement, il écoute ce qu'il dit.

Secrets de premiers de la classe :

- « Avant, j'oubliais des lettres, maintenant je prononce les mots quand j'écris et ça ne m'arrive plus. »
- « Je chante les conjugaisons, c'est plus gai. »

Les règles d'or

- Equilibrer le temps : travail, activités sportives et artistiques, repos, loisirs
- Limiter le temps de chaque tâche
- S'interroger sur ses points forts, ses faiblesses
- Dresser un bilan dans chaque discipline pour définir des objectifs
- Organiser le temps en fonction de ses objectifs
- Se tenir aux décisions prises
- Anticiper son travail, le planifier
- Corriger ses erreurs
- Vérifier son travail
- Faire passer en travail réflexe ce qui peut l'être

8

DU PLAISIR ET DE L'ENNUI À L'ÉCOLE

L'enfant attend avec impatience sa première rentrée scolaire. Deux objectifs le motivent : il veut comprendre ces choses mystérieuses que sont les mots et que ses parents lisent et écrivent si facilement, ce qui a l'air de leur faire plaisir puisqu'il les voit souvent le nez dans un livre ou un journal. Il veut surtout grandir, et il a compris que l'école était le passage obligé pour y parvenir. Il est prêt, disposé à apprendre, voire impatient. Le plaisir est là en lui, le plaisir de ce qu'il ne connaît pas et qu'il va découvrir. Il pressent que ce ne sera pas toujours évident, qu'il aura à faire des efforts – mais ce qu'il a acquis jusque-là ne l'a pas été sans peine : ainsi, apprendre à lacer ses chaussures lui a demandé temps et patience, dont il a été récompensé par le plaisir d'y être parvenu.

Comme tout un chacun, l'enfant aime ce qui est facile à acquérir, mais il aime aussi les défis si la contrainte est consentie et ressentie comme venant de lui-même. Le plaisir de ce qui vient naturellement et celui d'après l'effort ne sont pas du même ordre mais, à ceux qui ont soif de savoir, le plaisir en lien avec des difficultés à surmonter a quelque chose de plus intense.

Pour réussir, l'enfant doit garder intacte la curiosité qui était la sienne dans ses toutes jeunes années d'apprentissage, celles d'avant l'entrée à l'école, et il lui faut développer un certain goût d'apprendre. Ce goût lui est transmis par les enseignants tout autant que par les parents. Il a plaisir à étudier sans être dans l'attente d'une satisfaction immédiate. Le plaisir lui vient des étapes autant que de la réussite. Le plaisir de l'accomplissement, du projet abouti, n'est pas d'un accès évident, il passe par un investissement de soi exigeant et par un effort souvent coûteux. Mais quand ce plaisir est là, il conduit au désir d'en savoir plus et l'éducation a une résonance profonde pour l'enfant.

Les élèves s'ennuient à l'école

Les élèves s'ennuient à l'école. Pas tous, mais beaucoup d'entre eux. Si des recherches se sont intéressées depuis longtemps à d'autres facteurs inhérents à l'apprentissage, telles la motivation ou l'attention, rien n'avait été tenté du côté de l'ennui. Peu de travaux avaient été initiés. On peut se demander pourquoi avoir tant tardé avant d'amorcer une réflexion sur le sujet. La difficulté vient du fait que l'on a du mal à cerner ce qu'est exactement l'ennui. Au début des années 2000, des débats ont été lancés, réunissant philosophes, sociologues, chercheurs en sciences de l'éducation. Les médias ont suivi. Régulièrement, dans la presse, une sonnette d'alarme est tirée : les petits bâillent en classe, et les adolescents davantage encore. Les diverses enquêtes le montrent, le plaisir est le grand absent des cours. Quant à l'ennui, il est nommé comme le principal responsable de l'échec scolaire.

Le bruit récent fait autour de ce mal du siècle ne signifie nullement qu'il ne sévissait pas auparavant. Le constat est ancien. On s'est de tout temps ennuyé sur les bancs de l'école. Des témoignages évoquent les heures qui ne passaient pas, les cours interminables dont on s'échappait en rêvant, la claustration dans des salles froides et tristes. Les élèves s'ennuyaient poliment. On le remarquait à leurs yeux rêveurs, à deux ou trois trouble-fête, cancres de service, bavards impénitents qui, ponctuellement, perturbaient le cours. Mais les élèves ne se plaignaient pas, c'eût été une faute quasi morale.

Est-ce vrai ?

On dit : « Un enfant qui s'ennuie est en dépression. »

Non. Et heureusement. L'élève qui s'ennuie à l'école est la plupart du temps un enfant tout à fait normal. Dans de rares cas, il se replie sur lui-même, se ferme aux autres. Il se plonge dans l'immobilisme et l'ennui. Mais cet ennui-là, qui est une vraie pathologie, ne trouve pas son origine à l'école, même si celle-ci constitue un facteur de stress. La dépression inhibe les fonctions essentielles au rendement scolaire. L'élève n'arrive pas à se concentrer, à prendre des décisions, à agir. Ses difficultés d'apprentissage s'ajoutent à un sentiment d'inutilité.

On met des mots aujourd'hui sur ce qui était tu alors. Les élèves ont pris le droit de dire qu'ils s'ennuient et de le manifester. Ce droit à la parole est devenu légitime avec l'avènement de l'élève en tant que personne alors que, jusqu'il y a peu, au sein de l'institution scolaire, l'accent portait plus sur l'apprentissage que sur l'enfant.

Ce changement de comportement au sein de l'école est en phase avec le changement de société. Les médias et Internet ont pris une place surdimensionnée dans le quotidien, d'où la facilité pour les enfants de s'approprier des connaissances, de trouver aussitôt des réponses à leurs questions. De plus, le côté évident et ludique de ces nouveaux outils met l'école à rude épreuve. À la télé, on présente de bons documentaires, quelques émissions culturelles et scientifiques intéressantes : les enfants savent sans avoir besoin d'apprendre. Longtemps l'école a été le vecteur par où passait le savoir ; maintenant elle est réduite, par la force des choses, à n'en être plus qu'une des sources, et sûrement celle qui demande le plus d'efforts, celle où le plaisir est le moins évident.

> **Astuce**
> Repérer les diverses activités que l'enfant a plaisir à faire (lire, jouer aux échecs, s'occuper de son chat, construire des maquettes...) pour l'aider à sortir d'une grosse crise d'ennui.

Les chaînes de télévision sont nombreuses, les informations *via* Internet sont inépuisables, on est entré dans l'époque du zapping. Si les adultes ont du mal à lui résister, comment les enfants le pourraient-ils ? Ils zappent à la maison, ont du mal à se concentrer longtemps en classe sur une même activité. Ils s'ennuient. Et les conséquences sont rudes : échec scolaire, incivilités, violence.

> **Le saviez-vous ?**
> L'effort est consenti par l'enfant non seulement pour réussir mais pour avoir le plaisir de comprendre.

Depuis peu, on s'interroge. Le plaisir est-il légitime dans l'apprentissage ? Doit-on l'opposer à l'ennui ? Quelle part doit-on lui laisser ? Quelles sont les causes de l'ennui des élèves ? Comment y remédier ? On cherche, on tâtonne.

Qu'est-ce que l'ennui ?

L'enfant/élève, mais aussi l'enfant hors du temps scolaire, a la capacité de désirer, d'avoir du plaisir mais aussi celle de souffrir ou de s'ennuyer.

L'ennui est un état blanc où le vide s'installe à l'intérieur de l'enfant, le laissant désœuvré, enlisé dans le rien. La pensée somnole, elle a des ratés, fonctionne mal ou pas du tout. L'enfant perçoit le temps qui s'écoule avec lenteur, s'étire, ne passe pas. Il n'écoute pas le cours ou s'efforce par moments de le faire sans y parvenir vraiment. Il attend que la sonnerie vienne le délivrer et qu'il puisse s'échapper, redonner vie à son corps, à sa tête.

Est-ce vrai ?

On dit : « L'ennui est dû à une paresse d'esprit. »

Non. Quand un enfant ne cherche pas à sortir de son ennui, c'est tout simplement qu'il ne sait pas comment meubler le temps. À ce moment-là, rien ne l'intéresse, rien n'a de sens pour lui. Il n'a pas de besoin immédiat à combler. Or il n'est pas évident, même quand on devient adulte, de cerner ses propres intérêts, d'identifier ses désirs.

On peut parler d'un manque de stimulations. Il y a ce que l'environnement apporte : excitation, challenge, plaisir. Cela peut venir de la forme donnée au cours, et là on se rend compte de la difficulté d'un professeur à concurrencer la télévision, Internet ou l'interactivité offerte par les réseaux sociaux. Pour l'enfant, c'est la faute du professeur si le cours est ennuyeux, ou la faute de la grammaire s'il ne parvient pas à s'y intéresser. C'est rarement la sienne. Il est pourtant coresponsable de son ennui. La stimulation est également interne : c'est la possibilité pour l'enfant de trouver au fond de lui l'intérêt nécessaire à maintenir son attention, à être dans l'écoute – l'intérêt nécessaire à penser.

L'enfant qui souffre de désintérêt :

- se donne par écrit un objectif à tenir pour la semaine,
- cherche chaque soir dans sa mémoire un fait positif à dire sur sa journée de travail,
- a en dehors de l'école et de la maison une activité où il a une quelconque responsabilité.

La recherche d'un plaisir immédiat

Quand on interroge des enfants sur ce qu'ils vivent en classe ou à la maison quand ils font leurs devoirs, on remarque que l'apprentissage ne se fait pas dans un vide émotionnel. Si l'intensité des ressentis varie de l'un à l'autre, ce qui ressort de leur témoignage est que leur implication dépend du plaisir ou de l'ennui éprouvé en écoutant un professeur, en se plongeant dans un exercice. Le plaisir contribue grandement au fait d'être attentif, de parvenir à faire un effort.

Pourtant ils ne l'évoquent pas quand il s'agit de l'école. Ils ont du plaisir en manipulant leurs jeux vidéo, en regardant leur émission préférée ou encore pendant la récréation, avec leurs copains. Plaisir ludique. Le jeu leur donne du plaisir, et c'est une évidence pour eux. Mais ce mot, ils ne l'utilisent pas naturellement quand il s'agit de parler du travail scolaire. Le travail est difficile ou facile, ou encore ils disent aimer la lecture mais pas les conjugaisons, détester le cours de musique à cause de la flûte.

Il faut les interroger plus avant sur certains ressentis pour qu'ils mettent des mots sur le plaisir. Peu d'entre eux imaginent qu'on puisse en avoir à étudier. Avant, oui, ils avaient du plaisir – mais c'était il y a longtemps ! – quand ils étaient en maternelle et qu'ils faisaient des dessins. On leur parle alors du plaisir éprouvé quand ils ont appris à écrire leur nom ou à faire toute une ligne de o et de a bien ronds. Ainsi, on en vient à parler du plaisir d'avoir réussi une tâche qui n'était pas facile. Quand ils ont surmonté la difficulté, ils se disent contents. Mais être content, n'est-ce pas du plaisir ? Ce n'est pas le même que celui du jeu mais, ils doivent bien l'avouer, c'est un plaisir, et un grand. Un plaisir moins évident mais plus profond, un plaisir mêlé de fierté.

Il y a le plaisir après l'effort et, quand ils en prennent conscience, ils se mettent plus facilement au travail, ils renâclent moins face à l'inconnu. Ils entrent dans le désir qui les rend attentifs en classe, et qui les met au travail à la maison malgré tout ce qui les interpelle (portable, Facebook, télé...).

Le plaisir d'apprendre peut s'apprivoiser grâce à un professeur capable de créer un lien avec les élèves, de communiquer sa passion, sa curiosité toujours vaillante. Ou bien il est transmis par les parents qui ont du plaisir dans leur vie professionnelle ou dans leurs différentes occupations. Ou encore par quelqu'un de l'entourage de l'enfant qui lui enseigne par son exemple qu'il est nécessaire de fournir un minimum d'efforts pour que s'enclenche le plaisir.

Les parents montrent :

- leur excitation à se lancer dans un travail complexe,
- leur plaisir à avoir mené à bien une activité difficile,
- leurs élans, leurs admirations, leur curiosité.

Apprendre : plaisir et ennui

Apprendre, c'est être pris dans un enlacement de plaisir et d'ennui. Un enlacement auquel l'enfant ne comprend pas grand-chose. Pour lui, apprendre, c'est être tout d'abord dans l'effort. C'est vrai, on n'apprend pas sans le vouloir de tout son être, sans la

Psycho

L'ennui comme élément de construction

L'ennui est un vécu nécessaire à la construction psychique de l'enfant, indispensable à son équilibre car il lui donne l'occasion d'être à l'écoute de son monde intérieur, de ses émotions, de ses désirs. L'enfant apprend à puiser en lui les ressorts nécessaires pour s'occuper et à ne pas attendre des autres, du dehors, qu'ils le comblent. Le vide devient moins menaçant.

Un enfant à qui l'on permet de ne rien faire, de meubler le temps à sa guise, apprend à explorer et exploiter ses ressources personnelles et à trouver la juste mesure entre l'action et le temps pour soi. Il ne se lance pas dans un enchaînement d'activités par peur du vide ou par crainte d'affronter ses émotions, pour échapper à l'angoisse.

conscience et le désir d'y parvenir, sans s'en donner les moyens.

On ne peut remplacer l'effort par le plaisir mais on peut apprendre à l'enfant à trouver du plaisir à l'effort, et cela très tôt, dès la toute petite enfance. Apprendre, c'est être dans la réalité, là où la jouissance est le plus souvent différée. L'opposé du plaisir n'est pas l'ennui, c'est la *douleur*, la peine causée par les échecs répétés avant la réussite, par la difficulté à surpasser des obstacles.

L'enfant qui est dans le plaisir d'apprendre est arrivé au point où il a plaisir à se confronter à cette réalité. Il sait qu'au-delà du travail, il y a le vif contentement de la maîtrise et de la compétence, une gratification personnelle.

On n'apprend pas sans connaître l'ennui. L'ennui comme la limite de l'enfant face à un apprentissage exigeant. Il faut travailler avant que vienne l'intérêt et que l'ennui se fasse moins présent.

Apprendre, c'est être dans la nécessité du travail. Et si l'enfant ne réussit pas à quitter le monde du tout-plaisir, le monde du jeu et des distractions, quels que soient l'enseignant ou la matière, lorsqu'il doit faire effort, tout a les couleurs de l'ennui.

L'enfant doit accepter de s'ennuyer, de ne pas toujours être excité intellectuellement ou émotionnellement par une activité, accepter même de ne pas y trouver d'intérêt. L'enfant doit apprivoiser l'ennui.

Le saviez-vous ?

Le plaisir à l'école est souvent considéré comme un simple adjuvant ; il joue pourtant un rôle essentiel dans la construction du savoir. A contrario, l'enfant ne peut pas développer des capacités et acquérir des savoirs dans le seul plaisir.

Et le rôle des parents dans tout cela ? Susciter, encourager l'effort, aider l'enfant à maintenir le goût pour l'apprentissage malgré les difficultés rencontrées. Accepter qu'il s'ennuie parfois et ne pas le laisser glisser dans la facilité du plaisir immédiat. L'aider à trouver le juste milieu pour que le travail ne fasse pas de lui un élève au détriment de l'enfant et de sa singularité. Mais, par ailleurs, veiller à ce que trop d'ennui ne tue pas le plaisir et ne le dégoûte pas du travail. Tâche difficile mais pas insurmontable si les parents ont trouvé cet équilibre pour eux-mêmes.

Astuce
Utiliser l'humour pour créer une bonne ambiance, propice au travail.

Quand l'enfant travaille :

- on l'incite à se forger des idées personnelles,
- on montre de l'intérêt pour la façon dont il s'y prend,
- on l'encourage à dépasser des obstacles.

Comment cela se passe-t-il à l'école ?

Corps avachis sur la chaise ou sur le bureau, bâillements, regards en l'air, vers la fenêtre ou sur la montre : ces élèves sont absents, perdus dans leurs rêves que vient interrompre, par intermittences, le professeur en changeant de ton, en donnant un exercice.

D'autres clament plus ostensiblement leur ennui. Ils jouent avec leur stylo,

Le saviez-vous ?
Le bon ennui mène à la lecture de plaisir. Celle-ci entre à plus de 20 % dans les performances de compréhension de l'écrit. Or cette compréhension est déterminante pour la réussite des études.

dessinent sur leur cahier de textes. D'autres encore sont non pas dans l'absence mais dans le refus bien déterminé. Ils se balancent sur leur chaise, correspondent entre eux par SMS ou bavardent avec leurs voisins. Ils râlent à voix haute quand le professeur les met en action, tentant ainsi de les tirer de ce rien où ils passent une partie du cours.

L'enseignant les rappelle à l'ordre ou encore les interroge dans l'espoir qu'ils reviennent à l'apprentissage. Mais le plus souvent, à moins qu'ils n'aient une attitude trop provocatrice, le professeur poursuit son cours comme si de rien n'était, s'intéressant à ceux qui l'écoutent, assez motivés pour travailler dans ce climat pas vraiment propice.

L'ennui est plus bruyant, plus ostensible au secondaire qu'en primaire. Les tout-petits ont appris que ce n'est pas bien de s'ennuyer. Il faut être attentif, écouter, suivre les consignes, travailler. Ce qu'ils font. Interrogés sur leur passé d'élève, quelques étudiants expliquent que, dans

Les enseignants disent :

« Pour moi, le plus difficile n'est pas d'enseigner le français. Mais de faire passer le sens des apprentissages à mes élèves. C'est une responsabilité commune de l'école et des parents. Je me sens seule et démunie dans cette tâche. » Mme R., enseignante au secondaire.

« L'ennui en classe vient principalement de l'inintérêt de certaines tâches et du désintérêt des élèves. » Mme B., à propos des cours de grammaire en primaire.

« S'il n'y avait pas la discipline à faire régner, je serais certainement plus souple, et mes cours seraient plus dynamiques. » M. G., professeur de physique au secondaire.

leurs toutes premières années, ils ignoraient qu'ils n'étaient pas seuls responsables de l'ennui où ils plongeaient, et que certaines leçons de conjugaison ou certains professeurs l'étaient davantage qu'eux. Ils se sentaient fautifs de décrocher.

Pourtant les élèves sont nombreux à aimer l'école. À avoir le désir de travailler, de progresser. Ils aiment être assis dans les premiers rangs pour ne pas être dérangés par le bavardage de leurs copains, ils participent, et on les voit lever la main plus souvent qu'à leur tour. Si l'ennui les surprend, ils le considèrent comme une pause – c'est le cas quand ils ont fini un exercice un peu avant que le professeur ne relève les copies. La motivation est là, forte parfois ; c'est alors leur relation à l'enseignant qui a du sens, ou leur relation au savoir. Cela vient aussi de ce que leurs parents leur ont transmis au sujet de l'éducation, de ce pourquoi ils vont à l'école.

Le saviez-vous ?
Plus de la moitié des élèves disent trouver en classe de l'intérêt et du plaisir à des connaissances hors programme.

Ces élèves, rétifs à l'ennui, ont les connaissances nécessaires à la compréhension du cours, l'effort qu'ils ont à faire pour soutenir leur attention n'est pas insurmontable. Ils savent que, malgré la difficulté, ils peuvent suivre ce que dit le professeur, faire les exercices d'application, et c'est parfois un défi avec eux-mêmes, tout autant que le désir de se conformer à l'image du bon élève, qui les rend attentifs.

Comment cela se passe-t-il en dehors de l'école ?

Tous les enfants ne sont pas égaux face à l'ennui. Question d'environnement, d'éducation, d'âge, de fatigue, et sans doute aussi de caractère. L'ennui fait des incartades, au cours de la journée, dans leur travail mais aussi dans leurs jeux. « Je m'ennuie », dit le petit à sa mère qui le surprend en train de regarder un dessin animé. Ce « je m'ennuie » justifie le fait qu'il ait allumé la télévision. Mais, par ces mots, il signifie aussi que la distraction dans laquelle il s'est plongé ne le comble pas. L'enfant ne dit pas « je m'ennuyais », il utilise le présent.

Question de société. On accepte difficilement les temps morts ; même pendant les vacances, il s'agit de remplir le temps de mille activités, on passe de l'une à l'autre, débordé. On meuble le temps pour ne pas le laisser filer sans pouvoir dire à quoi on l'a occupé. Les parents ne supportent pas de voir leur enfant allongé sur son lit en pleine journée. « Qu'est-ce que tu fais ? Tu n'as rien de mieux à faire que de traîner ? Tu as fait tes devoirs ? Tu as fini ton allemand ? Si tu as terminé ton travail pour demain, tu n'as qu'à t'avancer. »

Alors l'enfant, et davantage encore l'adolescent, tue chaque seconde d'ennui en tapotant des écrans, en se branchant sur les réseaux sociaux, en passant d'un jeu interactif à son téléphone portable. Les jeunes sont devenus dépendants de stimulations constantes et, s'ils en sont privés, ils ressentent le manque face à un moment qu'ils ne savent comment occuper autrement. Ce vide d'occupation provoque une angoisse sourde,

Question de parents

Comment réagir avec son ado qui traîne son ennui toute la journée ?

« Au collège, c'est mortel ; chez moi, c'est pareil. » Tom, 14 ans.
« À la maison, interdiction de jouer sur mon ordi, sauf pendant les vacances, alors je m'ennuie. Et même quand je travaille, je m'ennuie. » Ludo, 13 ans.
« Je fais rien à la maison. C'est nul. » Noémie, 12 ans.

Ne croyez pas que vous y puissiez grand-chose.
L'adolescent s'ennuie quand il n'est pas au sein de sa famille élective, sa bande, là où il vit intensément, où il a ses pareils. Chez lui, il est là sans y être vraiment. L'ennui, pour l'adolescent, vient du fait de se sentir décalé par rapport à ce qui devrait lui être familier et qui l'était encore il y a peu. Il se sent un peu étranger à la vie familiale. Et quand il n'émet pas de refus, il agit en traînant les pieds, tout lui est égal. Il tourne en rond sans savoir que faire.
Son désœuvrement, mélange d'indifférence et de lassitude, est souvent source de conflits.
Il ne sert à rien de se précipiter vers son ado en lui proposant moult activités. On ne peut remplir le vide intérieur par des divertissements ; ce ne serait que solution vaine et passagère. Combien disent s'ennuyer même en jouant ! Il faut laisser le temps au temps, laisser l'adolescent changer de peau, quitter son enfance, se construire. Ce vide, ce vide immense, qui lui appartient, il finira par le combler en construisant son identité. Mais cela ne veut pas dire l'abandonner. Il suffit de rester à l'écoute, de rester présent, attentif et accueillant, quoi qu'il en coûte. D'ouvrir devant lui des perspectives de paroles, d'actions. Des perspectives de pensées où il peut faire œuvrer sa liberté, faire bouger le temps.

mal définie. Alors ils pianotent de nouveau.

Pourtant, en n'acceptant pas que le temps leur échappe, ils ne laissent pas émerger en eux la créativité, la conscience de soi, la pensée vagabonde, la réflexion, tout ce qui peut surgir quand on est confronté à l'ennui. Ils ne laissent pas émerger le désir.

> **Astuce**
> Adopter le tutorat en famille, ce qui est profitable aussi bien à l'enfant tuteur qu'à l'enfant apprenant.

À la maison :

- on régule le temps des jeux vidéo et des autres activités,
- on cadre le temps consacré à Internet,
- on éteint parfois tous les écrans pour laisser place à la parole, aux échanges.

Le bon ennui ou le désir

L'ennui est un état inévitable auquel nous sommes tous confrontés, et ce dès le plus jeune âge. Or cet état a deux aspects ; l'un est négatif – espace maussade, douloureux parfois. Quand on évoque l'ennui, on se réfère à lui. Or, à petites doses, il est essentiel à l'équilibre de l'enfant.

L'ennui est une saine réaction quand il est résistance au trop-plein. De l'enfant-roi, les parents comblent la chambre de jouets. Pour l'élève, les enseignants

> **Le saviez-vous ?**
> Le plaisir à l'apprentissage permet de faire de bonnes études, sans stress ni trop de pression. Quand s'y ajoute l'ennui, le bon ennui, l'enfant, au-delà du savoir, va à la découverte de sa capacité à bien faire, voire à la découverte de soi.

organisent des journées pleines, des emplois du temps surchargés. Mieux vaut trop que pas assez. À la maison, à l'école, l'adulte lutte contre le vide dans lequel il craint que l'enfant ne s'égare et ne lui échappe. Les cadences de certains enfants sont infernales.

En maternelle, pour éviter que les tout-petits ne s'ennuient, on passe d'une occupation à l'autre. Cela se poursuit ainsi quand ils sont en primaire et parfois même au secondaire. On bouscule le temps, ne laissant aucune minute inoccupée. On maintient ainsi en éveil l'intérêt des élèves au détriment des pauses, voire de la lenteur, nécessaires pour intégrer des connaissances.

Or l'ennui peut être fécond. Parce que le désir ne peut exister sans le manque. L'enfant est là dans le bon versant de l'ennui : quelque chose est à venir, quelque chose est en construction. L'ennui incite à l'introspection, à la réflexion sur soi. Il est central dans le processus d'apprentissage et de créativité intellectuelle et artistique. L'ennui, qui stimule chez l'enfant la recherche de sensations, devient alors moteur. Il pousse à lire, à écrire, à imaginer, à inventer. Si l'on souhaite que le désir s'éveille, que le moteur s'enclenche, il faut s'abstenir de combler l'enfant.

Astuce

Donner à l'enfant l'habitude de laisser un petit temps mort après une activité intellectuelle plutôt que de plonger aussitôt dans un jeu ou toute autre activité. La mémorisation sera d'autant meilleure.

L'ennui est pour l'enfant le besoin de s'affirmer, de s'occuper mentalement à son rythme, de bouger selon son propre désir et sa sensibilité. Aussi, on lui fait confiance pour trouver un objet à son désir.

Le vide tend naturellement à être comblé. Et c'est là, à l'intérieur de ce vide, que s'initie un mouvement différent de celui compulsif dont on emplit les jours, un mouvement plus secret, plus vague aussi, mais qui appelle la pensée, la réflexion. C'est un travail mental à une autre vitesse, où l'enfant prend le temps d'observer ce qu'il ne verrait pas autrement, où il se met à penser, à se construire indépendamment des autres mais aussi avec eux.

Question de parents

Pousser un enfant à travailler peut-il être cause d'échec ?

Oui et non. D'abord, tout dépend de ce qu'on entend par « pousser ». Tout est question de dose. Il est bon d'inciter l'enfant à travailler et même, à certains moments, d'insister pour que les devoirs soient faits correctement et les leçons apprises. Et, pourquoi pas, de l'encourager à avoir une activité artistique, sportive ou encore manuelle, et d'exiger de lui qu'il y soit assidu. Cette occupation, loin de l'école et de la maison, lui permet de se mesurer à lui-même, de se confronter aux autres, là où les enjeux, généralement, ne lui semblent pas menaçants.

Mais il est préjudiciable de s'intéresser plus que de raison à ses résultats scolaires. Ce que font certains parents obsédés par l'éducation de leur enfant. Il n'est même pas adolescent qu'ils s'inquiètent déjà de son avenir professionnel et le soumettent à un régime de championnat en lui imposant un rythme soutenu de devoirs, d'heures de soutien et d'activités diverses. L'hyper-éducation déséquilibre la vie familiale et va à l'encontre de l'épanouissement de l'enfant.

Malgré la surcharge de travail, la fatigue, le stress engendré par la pression, certains enfants s'en tirent bien dans leurs études. À l'instar des petits Asiatiques, ils

Question de parents

Est-il bon de faire sauter une classe à un enfant surdoué qui s'ennuie ?

« J'ai toujours ralenti le rythme pour ne pas me faire remarquer. » Noah, 13 ans.
« Quand j'ai fini mon travail en classe, je rêve. » Lola, 8 ans.
« J'aime bien la récréation mais, en classe, je m'ennuie. » Hector, 9 ans.

Faire sauter une classe à un enfant surdoué ou encore le faire changer d'école est une décision qui ne peut être prise sans tenir compte de son désir.
Si son rapport à ses camarades de classe est essentiel pour lui, qu'il ne veut pas les quitter et craint de se trouver avec d'autres plus âgés, et si les arguments ne le font pas changer d'avis, on le laisse poursuivre sa scolarité telle quelle. Mais on prend soin, à la maison, de lui apporter toute la nourriture intellectuelle dont il a besoin. La même question doit être posée dans les années qui suivent.
Une autre possibilité est de le faire fréquenter la classe supérieure dans une discipline où il se montre particulièrement brillant.
Si l'on décide de faire sauter une classe à son enfant, et qu'il fait partie de ces enfants précoces mais en difficulté scolaire, là le problème est plus complexe : il faut auparavant qu'il ait récupéré les acquis nécessaires à une bonne scolarité, sans quoi ce passage pourrait être catastrophique. Ce travail, fait le temps d'un été, peut être un défi pour l'enfant. À lui de montrer alors qu'il est prêt à mettre en route la machine mentale.

prennent l'habitude du travail et leur réussite rassure leurs parents, qui n'en continuent pas moins dans la voie de la performance à tout prix puisque les résultats sont là. Ce sont des enfants/élèves davantage que des enfants. Une partie de ce qui fait l'enfance leur est ainsi volée.

Pour d'autres, l'investissement excessif, voire obsessionnel, des parents entache toute volonté d'autonomie, les prive de leur propre désir, leur ôte le plaisir qu'ils pourraient trouver dans l'apprentissage aussi bien à l'école qu'à la maison. Les conditions sont alors réunies pour les conduire à l'échec. Privés de plaisir, ils perdent le goût de l'école.

Inégaux face à l'ennui en classe

Le mauvais ennui, c'est l'absence insupportable de désir. Si un enfant s'ennuie en classe, il travaille mal ; s'il travaille mal, il est en échec. Il passe difficilement d'une classe à l'autre, il peut même redoubler ou, à un moment, être dirigé vers une voie de garage.

On parle de paresse. Ou de démotivation. On confond parfois la démotivation et l'ennui, or un enfant motivé peut très bien s'ennuyer en classe.

> **Le saviez-vous ?**
> Plaisir et Q.I. : le plaisir à l'école n'est pas lié au niveau d'intelligence.

Les plus susceptibles de plonger dans l'ennui sont les élèves en marge : excellents ou « derniers de la classe ». Pour ces derniers, c'est le fait qu'ils peinent, ne comprennent pas ce que le professeur explique. Comment alors auraient-ils de l'intérêt à ce qu'on tente de leur enseigner ? L'effort qu'ils ont à fournir, sans être certains d'y parvenir, est insurmontable. Il y aurait même un côté humiliant à essayer et à échouer. Alors les voilà démotivés et l'ennui s'installe. L'ennui se lève comme une autoprotection quand l'enfant est en échec dans une discipline, quand il ne comprend pas, qu'il ne sait pas faire et que l'estime de soi est menacée. D'autant plus si les autres ne semblent pas avoir les mêmes difficultés et que la comparaison (notes, observations de l'enseignant) ne peut que l'accabler davantage. La protection entre alors pour une grande part dans ce refus de la motivation. L'enfant se désengage pour se protéger.

Pour les excellents élèves, les enfants précoces ou encore dits surdoués, le problème est différent. Ils comprennent vite, plus vite que les autres ; ainsi, quand l'enseignant insiste sur un point, revient sur une explication pour s'assurer que tous ont bien saisi le cours, ils se mettent à rêvasser. Quand ils ont fini leur exercice et que les autres élèves travaillent encore, ils sont dans l'attente ; et l'attente, c'est l'ennui. Si la plupart des élèves doués composent avec l'ennui et réussissent brillamment leurs études, certains, plus nombreux qu'on ne le pense, sont en difficulté scolaire. Ils ne parviennent pas à se motiver, accumulent les non-acquis. Ils décrochent. Au vu de leurs résultats, on ne se doute pas de leur précocité. Souvent, leurs qualités intellectuelles, leur capacité à comprendre, à mémoriser, leur rapidité d'analyse ne sont pas détectées. Ce sont les bons élèves, les élèves « moyens » qui s'en sortent le mieux. Ils travaillent volontiers et, s'ils vivent l'ennui, c'est l'ennui indissociable de la tâche.

Psycho

Faire parler l'enfant de son ennui

Les parents sont souvent démunis lorsqu'ils sont confrontés à l'ennui que l'enfant éprouve dans son travail à la maison. N'est-il pas responsable de cet état ? Doivent-ils le bousculer ? Ou encore le laisser gérer seul cette situation où il n'a pas de plaisir ? Que faire quand il se met à la tâche sans rechigner mais que demeure l'ennui ?

L'enfant a besoin de s'exprimer. Mettre des mots sur ce qu'il vit est essentiel pour lui. Parler aide souvent à mieux comprendre ce que l'on éprouve, ce que l'on perçoit parfois de façon confuse, et qui prend tout son sens grâce aux mots.

L'enfant a besoin de parler et d'être entendu. Entendu et pas seulement écouté. Les parents n'ont alors pas à juger. Ils entendent sa souffrance et le lui disent.

Faire parler son enfant ne le délivre pas de l'ennui mais rend l'ennui plus léger : les parents partagent la charge.

On ne doit pas oublier que l'on s'exprime par les actes mais aussi par les mots, et que les mots sont des actes ; dans ce cas précis, parler et être entendu permet à l'enfant de mettre de la distance entre l'ennui et lui.

Comme par exemple l'automatisation de certains apprentissages : rabâcher les syllabes, les tables de multiplication, les conjugaisons, la liste des verbes irréguliers en anglais ou en espagnol. Cet apprentissage laborieux en « par cœur » répond à une nécessité. Ces bons élèves, élèves moyens, se plient à la tâche avec efficacité puis passent à autre chose. Par ailleurs, ils ont du plaisir à aller à l'école, à apprendre, s'ils saisissent la raison d'un apprentissage. D'autant plus de plaisir si, à la maison, en dehors du cadre scolaire, on partage avec eux d'autres centres d'intérêt.

Les parents d'un enfant précoce favorisent :

- l'expression de ses aptitudes particulières,
- une attitude accueillante et ouverte à sa différence au sein de l'école,
- son insertion dans un groupe qui a la même passion ou le même centre d'intérêt.

L'adolescence : l'école vécue comme une contrainte

Souvent, l'adolescent rejette l'idée du plaisir dans l'apprentissage parce que celui-ci est associé pour lui à une contrainte. Il est « obligé » d'aller en classe, de

Est-ce vrai ?

On dit : « Les garçons s'ennuient plus que les filles à l'école. »

Non. Il n'y a pas de différence dans l'ennui selon les sexes. Seulement, les garçons avouent plus souvent s'ennuyer. Dès le primaire, les filles, considérées comme studieuses et scolaires, se moulent dans ce schéma. Elles ne parlent de leur ennui qu'avec réticence, ou dans un climat de confiance lorsqu'elles savent qu'elles ne seront pas jugées. Quant aux garçons que l'on dit physiques, s'ils s'ennuient à rester assis sur une chaise tout au long d'une journée, ils ont plus de facilités à le dire puisque cela entre dans la représentation que l'on a d'eux.

donner l'illusion d'écouter, obligé de faire un exercice de maths chez lui, exercice qu'il doit de plus rendre le lendemain sous peine d'une sanction, obligé d'apprendre une liste de verbes irréguliers en anglais. Bref, il est dans la même contrainte qu'à la maison, où il a l'impression d'être traité comme un petit, au mépris de son âge déjà fort avancé ! Il trouve même souvent inutiles et sans intérêt les activités culturelles ou manuelles qu'il avait jusque-là.

Le plaisir intellectuel est dévalorisé même par les élèves les plus motivés. Une des insultes les plus banales à cet âge est le mot « intello ». Est intello celui qui non seulement réussit mais montre qu'il a du plaisir au sein de l'école. Ce plaisir est réservé aux récréations, aux pauses entre copains. Quand on est entre soi. Alors les bons élèves rentrent dans le rang. C'est « relou », disent-ils en parlant des cours, pour se conformer aux dires des autres, même si, par ailleurs motivés, ils poursuivent leur route d'excellence.

Hyperactivité et repli sur soi

L'adolescent en difficulté recourt à des expédients pour combattre l'ennui : SMS, bavardage. Il répond, se montre ouvertement désinvolte, insolent. À la maison, les leçons sont survolées, les devoirs bâclés. Parfois, une matière qu'il aime, un professeur qui, par passion, sait habiller son cours de dynamisme redonnent de l'intérêt à l'apprentissage.

Mais si l'ennui est vécu comme une immobilité « mortelle », il se lance dans l'hyperactivité pour s'en échapper. Quand il n'est pas dans l'agitation et l'agressivité, c'est qu'il est absent : il sèche les cours qui le « saoulent », se débrouille pour obtenir quelques notes correctes (antisèches, copie du devoir prêté par un copain...). Il est impatient, impulsif, hostile, cherchant les affrontements et les sensations fortes. Il est dans le refus, l'opposition à toute forme d'autorité, l'absentéisme ouvertement déclaré, le dégoût des études, les conflits fréquents avec les enseignants et les parents.

Il arrive aussi qu'à ce stade d'ennui, l'adolescent réagisse autrement. Il se replie sur lui-même et souffre d'un manque de confiance. Il a une forte tendance à la procrastination, se met à son activité au dernier moment, travaille alors en surface, sans prendre la peine de s'investir, d'où des résultats médiocres, ce qui sape encore davantage sa confiance en lui. Il est dépressif, et là encore on incrimine l'âge ingrat, ce qui n'est pas totalement faux puisqu'il le fragilise.

Les dangers de l'ennui, violence et décrochage

L'adolescent qui s'ennuie est dans l'incapacité à résister au vide qui l'envahit. Il est sans désir. Quand il ne désire rien, qu'il est dans la spirale de l'échec, le sentiment de frustration peut avoir des conséquences lourdes. Il extériorise sa colère soit par des comportements déviants – alcool, vandalisme, drogue –, soit en agressant autrui. C'est le décalage entre ce que propose l'école et ce qu'attend d'elle l'adolescent, c'est l'impuissance ressentie face à l'ennui, à la contrainte, qui génère la violence.

On évoque souvent dans les médias la violence à l'école, en raison de la mise en lumière de faits divers malheureux. Si cette grande violence est moins fréquente qu'on ne le pense, il n'en demeure pas moins qu'élèves et enseignants sont confrontés quotidiennement à des incivilités diverses : impolitesses ostentatoires et répétées, insultes, menaces, moqueries humiliantes. Autant de violences verbales insupportables, de micro-agressions.

Psycho

Aux parents de raconter leur propre ennui

De nombreux parents se sont eux-mêmes souvent ennuyés dans leurs études et ne savent pas s'ils doivent en parler à leur enfant. En parler, oui ; encore faut-il le faire simplement et intelligemment. On aide ainsi l'enfant à analyser son ennui, celui face auquel il est un peu sans défense (longueur des cours, trop d'écoute passive et pas assez de participation) et celui qui lui appartient (sa fragilité d'attention, sa non-motivation...).

Se raconter, c'est lui montrer qu'on le comprend lorsqu'il dit son ennui en classe, dans une matière qui ne l'intéresse pas ou en écoutant un professeur trop bavard. On peut dédramatiser grâce à une anecdote tirée de sa propre scolarité. Si la cause de l'ennui a pour origine son intériorité, l'enfant est moins sur la défensive puisque celui qui lui apporte son aide a vécu des moments semblables aux siens et que, d'une façon ou d'une autre, il s'en est sorti.

Grâce au témoignage de ses parents, l'enfant est plus à même de se sentir compris. Il est plus à même d'écouter leurs conseils, ou du moins leurs suggestions.

Un temps limités aux zones dites sensibles, le racket, les bagarres et le harcèlement s'étendent dans toutes les écoles et même au primaire.

Quant au décrochage, il est le fait d'élèves qui, n'ayant jamais eu accès au plaisir, se sont ennuyés tout au long de leur scolarité. Ils ont du mal à se lever chaque matin pour aller en classe. Ayant intégré l'idée qu'il leur fallait passer par là, ils assistent aux cours où ils font acte de présence mais sans être vraiment présents. Ils peinent chaque année un peu plus. Ils ratent contrôles et examens. Le décrochage concerne non seulement ces

Est-ce vrai ?

On dit : « La violence à la télé incite les élèves à la violence. »

Oui. Les faits divers donnent à penser à une influence culturelle nocive de la télé. Les jeunes adolescents impliqués dans des actes criminels ont évoqué les séries qu'ils aiment, les films qu'ils ont regardés et dont ils se sont inspirés. Et depuis quelques années, c'est *via* Internet que se transmettent, les uns aux autres, des comportements d'autant plus violents qu'ils n'appartiennent pas au monde de l'imaginaire, ne sont pas mis à distance de l'enfant par un jugement moral, et qu'ils tendent à banaliser une violence gratuite, dénuée de sens. Une violence ordinaire.

Non. Si on peut établir un lien entre les comportements déviants des enfants et la diffusion de violences sur les différents écrans, on ne peut les rendre pour seules responsables. Tous les enfants ne sont pas violents, loin de là. Il semblerait néanmoins que l'effet délétère soit proportionnel au temps passé devant les écrans : télé, Internet, jeux vidéo.

élèves mais aussi les étudiants qui ne savent pas trouver l'énergie, la motivation nécessaires à la poursuite heureuse de leurs études. Pour s'être ennuyés à l'école, ils s'ennuient encore. C'est comme si le fait d'avoir été sevrés du plaisir les avait rendus incapables de le chercher, de faire les efforts qui les y mèneraient.

Ils disent :

« Les garçons ont des attitudes de violence sexiste envers les filles qui réussissent. Plus ils sont en difficulté, plus ils jouent aux machos. » M. I., professeur d'anglais dans le secondaire.

« On ne devrait pas s'ennuyer si on écoute. Moi, j'écoute un peu et je comprends presque tout. » Samuel, 12 ans.

« Nous, les filles, on travaille plus que les garçons en classe, sauf celles qui sont amoureuses. » Élise, 13 ans.

Les causes de l'ennui ?

L'ennui est un facteur de l'apprentissage avec lequel l'adulte doit composer : il accepte ce qui est en lien avec les difficultés et qui ne peut être éliminé, et il reconnaît au « bon ennui » la possibilité d'éclosion du désir chez l'enfant. Mais il faut, par ailleurs, analyser les causes de l'ennui responsables des difficultés scolaires pour tenter d'y remédier.

Les raisons évoquées habituellement – l'attrait des écrans et de la culture numérique, le décalage entre ce qui est communiqué en classe et ce qui est vécu ailleurs, le sentiment d'inutilité de telle ou telle matière,

Question de parents

Que faire lorsque ses enfants n'ont pas le même plaisir à étudier ?

Pas plus que les enfants d'une même fratrie n'ont les mêmes caractères, les mêmes goûts, ils n'ont pas des formes d'intelligence semblables. Ils n'éprouvent pas les mêmes motivations au travail.
Les raisons en sont évidentes : l'environnement, leur rapport aux enseignants, la place qui leur est donnée au sein de la famille, le rôle qu'ils y jouent, leurs premières expériences à la maison et au sein de l'école, tout cela les fait différents dans leur acquisition des connaissances.
Ils sont donc différents et l'on respecte cette différence. On ne les compare pas, au risque de démotiver celui qui a plus de difficultés à mettre du plaisir dans ses études. On est attentif à lui, qui s'ennuie davantage, on tente de lui offrir des occasions extrascolaires où il pourra s'exprimer et en avoir de la reconnaissance. On agit en toute discrétion.
On fait confiance à ses enfants dans leurs possibilités à se construire différemment et harmonieusement en tant qu'adultes.

l'absence d'action ou d'interaction –, ces raisons sont justifiées. Mais on met rarement en lien le manque de vocabulaire avec l'ennui, l'effondrement actuel de l'écoute avec l'activité de pensée. En classe, les enfants qui ne comprennent pas les mots utilisés par l'enseignant sont de plus en plus nombreux. Manquant du vocabulaire nécessaire à la réflexion tout autant qu'à la compréhension, ils justifient leur ennui par la difficulté de la matière, les mots trop techniques de la plupart des disciplines, et ils réclament des exemples concrets et intelligibles, tirés de la vie quotidienne. N'ayant pas les outils pour suivre convenablement le cours, se heurtant à des mots pour eux vides de sens ou de signifiant, ils intériorisent leur défaite et tentent d'échapper au présent par l'agitation ou la rêverie.

Qu'en pensent les élèves ?

Pour évoquer les causes de l'ennui, il est intéressant d'interroger ceux qui le vivent. En premier lieu,

Est-ce vrai ?

On dit : « Apprendre les mathématiques donne du plaisir. »

Oui. Les mathématiques sont une école du désir et du plaisir. En premier lieu parce que cette matière, entre autres, en procure. Ensuite parce qu'elle aide à la construction intellectuelle de l'enfant si sa pratique prend appui sur ces émotions. Le désir de l'inconnu va engendrer un certain plaisir à plonger dans la tâche et à la mener jusqu'au bout. Et la satisfaction de cet accomplissement mène au désir de poursuivre l'apprentissage, de se lancer dans un nouveau problème, une nouvelle « énigme » mathématique. Le désir de se confronter non seulement à la matière mais aussi à soi-même.

Mais il ne faut pas s'imaginer que le désir et le plaisir viennent naturellement à l'enfant si on ne lui a pas appris à retarder le moment du plaisir, à n'être pas dans la récompense immédiate, si on ne lui a pas appris le goût de la recherche, de l'effort, de l'implication dans son travail.

ces derniers l'assimilent au stress, à la peur de la compétition, de l'évaluation. Les contrôles, les notes. Il y a trop de choses difficiles à comprendre, d'obstacles à surmonter. Quoi de plus logique que cette réponse, étonnante au premier abord, puisque la peur tue le plaisir et qu'alors l'ennui a tout l'espace pour s'installer ?

Les adolescents, davantage que les petits, s'interrogent sur le sens de l'apprentissage.

À quoi sert tout ce qu'on leur enseigne ? À quoi est-ce utile ? À quoi cela leur servira-t-il ? Les réponses qu'on leur donne ne font pas souvent sens parce qu'évoquer leur construction intellectuelle, ou même plus prosaïquement l'importance des langues étrangères, est un raisonnement d'adulte. Et quel est l'intérêt de certaines matières ? De la géographie ? De l'histoire ? Pourquoi passer des heures à étudier l'Antiquité, qui les indiffère parce que trop éloignée de leur vie, alors qu'ils préféreraient évoquer avec les profs des sujets d'actualité qui les touchent ? Et toutes ces notions abstraites... Ne pourrait-on pas rester davantage dans le concret ?

Quant au par cœur, il fait l'unanimité : conjugaisons, tables de multiplication, théorèmes, dates historiques et liste des dieux grecs, c'est l'ennui assuré. Si les élèves reconnaissent qu'on ne peut échapper aux tables de multiplication – encore que, disent-ils, avec la fonction calculette de leur portable, ils pourraient s'en passer –, ils préféreraient passer plus de temps sur le quotidien des écoliers ou des esclaves grecs plutôt que de retenir tous ces dieux dont le nom n'évoque rien pour eux.

Ce qu'ils expliquent par là, c'est que, si ce qu'on leur enseigne a une logique, s'ils parviennent à suivre le cours (grâce à un professeur prenant le temps de l'explication et laissant celui de la réflexion), ils peuvent y trouver de l'intérêt et même du plaisir. Par contre, un cours rempli de formules, de dates, de pourcentages, de faits bruts, et qui demande un très gros effort de mémorisation sans pouvoir prendre appui sur du concret ou du vivant, cela les comble d'ennui.

La part de l'enseignant

L'ennui selon les matières dépend de la manière dont les professeurs les enseignent. Une matière est inintéressante si le professeur parle et met ses élèves en position d'écoute passive, ou s'il les fait écrire sous sa dictée sans qu'ils puissent aucunement participer. Copier est une façon d'enseigner décriée par tous les élèves. Ils souhaitent davantage d'« ambiance », l'utilisation de moyens audiovisuels, d'Internet. Une leçon de géographie devrait se faire avec de grandes cartes, la projection de photos et des documentaires. L'anglais ou l'allemand deviennent passionnants si leur enseignement passe par des vidéos. Le français, jugé très ennuyeux, l'est

Le saviez-vous ?

Les mots les plus fréquents trouvés dans les bulletins scolaires et qui ramènent à l'ennui : distrait, passif, étourdi, inattentif, rêveur, dans la lune.

Mais aussi agité, chahuteur, bruyant, dissipé, turbulent, indiscipliné.

moins quand il est amené déguisé en jeu de rôles ou *via* les matières transversales, le théâtre. Curieusement les maths ne sont pas associées à l'ennui car c'est la matière noble par excellence. Dès leur entrée dans le secondaire, les élèves ont déjà intégré ce qu'on leur dit : s'ils veulent faire de grandes études, il leur faut être bons dans les matières scientifiques. Par conséquent, s'ils échouent en maths, ils disent ne pas les aimer ou à la rigueur les trouver difficiles mais ils évoquent rarement l'ennui.

Est-ce vrai ?

On dit : « La répétition provoque des comportements violents. »

Oui. Même si ce propos doit être nuancé. La répétition d'une tâche entraîne la monotonie, qui génère elle-même de l'ennui, d'autant plus insupportable que cela s'éternise. Une expérience est intéressante à cet égard : on demande à des sujets de tracer des barres régulières. Un temps leur est imparti, et des récompenses sont promises si un certain nombre de barres sont exécutées. Or on s'aperçoit qu'en réponse à l'ennui de la tâche, les sujets se mettent à incliner les barres, à mettre un peu de fantaisie dans leur dessin. Ils finissent par tricher et par devenir violents. Et renonçant à la récompense promise, ils mettent fin à l'expérience sans la conduire jusqu'au bout.

Ils disent :

« L'allemand m'ennuie mais je sais que c'est important, alors j'arrive à travailler quand même. » Léon, 14 ans.

« L'année dernière, mon prof de français était génial. Cette année, c'est trop mortel. J'arrive pas à suivre le cours. » Ida, 14 ans.

« C'est difficile d'intéresser tous les élèves en même temps, le sujet abordé, le rythme, les textes, les exercices. Quoi que je fasse, il y en a toujours deux ou trois qui dorment. » Mme V., professeure de français dans le secondaire.

Par ailleurs, tous se plaignent des journées trop chargées, des cours trop longs et de ce qu'il faille encore travailler à la maison, ouvrir des manuels tout aussi propices à l'ennui.

Et puis il y a la monotonie engendrée par la redite : ainsi, la répétition des règles de grammaire, les mêmes, année après année, ou les cours qui s'attardent trop longtemps sur un même sujet. Ils ont l'impression de refaire les mêmes choses ou d'entendre du professeur les mêmes refrains. Naissent alors un manque de stimulation, une curiosité moindre, un sentiment de contrainte, et le déplaisir.

Un responsable à l'ennui est nommé : l'enseignant. Pas tous, loin de là, mais celui qui n'a pas la passion de transmettre, qui n'a pas ou plus la passion de ce qu'il enseigne, qui donne son cours sans réel plaisir, celui qui manque d'enthousiasme ; cela, les élèves le sentent.

Un enfant dans le désir

> **Le saviez-vous ?**
> Ce qui favorise le plaisir dans l'apprentissage, c'est la qualité de la relation au sein de la classe et dans la famille.

Si, pour être un élève heureux, un enfant a besoin d'enseignants enthousiastes et innovants, il a besoin – en tant qu'enfant et élève – de parents qui le soient tout autant. Les parents éduquent leur enfant dès le plus jeune âge dans la curiosité : curiosité de soi, curiosité de l'autre, curiosité du monde.

L'enfant a besoin de parents qui connectent les connaissances scolaires à son vécu, donnant ainsi du sens à l'enseignement. Ils intègrent toutes ses compétences, ce qu'il apprend par ailleurs dans son bagage d'enfant/élève. Ils accroissent son niveau d'attentes intellectuelles, d'appétences, en témoignant de leur propre goût pour le savoir – astronomie, biologie, architecture ou vie animale.

Ils acceptent que leur enfant/élève s'ennuie et le lui font accepter en lui donnant à comprendre que la culture scolaire n'est pas faite pour être divertissante mais qu'elle offre à ceux qui en prennent la peine une excitation positive à travailler. Et, pour cela, ils lui montrent leur propre satisfaction, leur joie à apprendre toujours.

Ils n'oublient pas que l'opposé de l'ennui n'est pas le plaisir mais le désir de connaître, de progresser, le désir de se construire.

Ils lui apprennent à désirer.

Les règles d'or

- Relier l'étude à la vie
- Parler de l'ennui de l'enfant, le reconnaître
- Accepter la légitimité de la plainte
- Témoigner de son propre désir de connaître
- Donner du sens au savoir
- Être dans la passion, la curiosité
- Mettre en valeur le plaisir, conséquence de l'effort
- Adapter des rythmes où l'action et les pauses cohabitent
- Avoir une qualité de présence dans toute action
- Donner à l'enfant le désir de grandir

9

L'ÉCOLE AUTREMENT

De nombreuses réformes ont tenté de moderniser l'école, de lui enlever de sa pesanteur ; elles se sont intéressées aux horaires, à l'organisation, à l'apprentissage et même aux élèves, mais les méthodes d'enseignement n'ont guère changé. On apprend aujourd'hui comme apprenaient nos grands-parents.

Dans l'enseignement dit traditionnel, le professeur est le modèle à suivre. Il possède le savoir et le savoir-faire. Il les transmet aux élèves et pour cela, face à eux, il parle : il décrit, il explique, il démontre. Il écrit au tableau. L'élève écoute, regarde, écrit sous la dictée. Il tente de comprendre, d'assimiler pour mémoriser. Il applique les règles de grammaire, il reproduit les problèmes résolus par le professeur. Les connaissances enseignées se retrouvent à l'identique dans les manuels scolaires. L'élève mémorise tels quels les mots du professeur, ceux du manuel. Le cours donné frontalement, les exercices répétés, le quasi par cœur sont les vecteurs d'apprentissage. Apprendre, c'est mémoriser.

L'enseignement est centré sur les programmes et l'acquisition des matières de base.

Dans un autre mode d'enseignement, on aborde le savoir de façon non pas frontale mais individualisée et différenciée. L'apprentissage a comme pivots l'action et la motivation de l'élève. Il est moins question pour lui de mémoriser que de penser et de résoudre des situations-problèmes. L'élève est dans l'exploration. Il se saisit d'informations qu'il traite. Il découvre, produit à son rythme. L'enseignant est le guide. Il accompagne, conseille. Il facilite le travail par son regard attentif tout au long des activités.

Les vecteurs d'apprentissage sont principalement des tâches plus ou moins complexes qui mettent l'élève dans la pensée active, le travail personnel.

Ce mode d'apprentissage où l'élève n'est pas enseigné mais guidé, où il reconstruit le savoir par l'action, est celui des écoles dites ouvertes, telles les écoles Montessori ou Freinet.

L'exercice, un outil pour apprendre

Depuis longtemps, l'école prône l'apprentissage basé sur la répétition d'exercices. À partir d'un modèle, d'une démonstration, donnés par le professeur, l'enfant fait et refait. C'est principalement la méthode proposée aujourd'hui par les enseignants et les parents. Il est dit que les entraînements sont nécessaires au développement du savoir, que la répétition est nécessaire à la mémorisation. Pour un savoir de qualité, une performance intellectuelle, il faut, tout comme dans l'apprentissage d'un sport, s'exercer encore et encore. La fluidité du savoir vient de la pratique renouvelée en classe, des exercices destinés à réviser le cours. C'est l'expérience répétée qui permet l'automatisme de certains savoirs (lecture, écriture, mémorisation de l'orthographe). Il s'agit de stocker en mémoire des connaissances et certaines de leurs applications. Pour un véritable acquis des connaissances, l'enfant fait un effort d'appropriation personnelle, de réflexion, de transfert. L'effort, la concentration sont considérés comme essentiels.

Au fil des exercices, de leur répétition, l'enfant ajuste et consolide la compréhension et, à un moment de l'apprentissage, parvient à une pratique autonome : il est devenu capable de faire l'exercice seul, avec facilité et sans erreur. Il faut que les connaissances aient été suffisamment pratiquées pour avoir été retenues et être mobilisables par l'enfant à chaque fois qu'il en a besoin.

Certes cet apprentissage est souvent ardu, ennuyeux. Mais c'est dans cette limite même du plaisir que l'enfant se construit : il travaille, entraînant son esprit, structurant son intelligence, emplissant sa mémoire de connaissances.

Il est faux de croire que l'apprentissage est possible seulement par la découverte ou des projets naturalistes, ou encore guidé par le seul désir de l'enfant. Il faut de l'autodiscipline et des efforts conscients. Le risque cependant est que la notation souvent abusive, l'évaluation constante amènent l'enfant à ne plus travailler pour apprendre mais pour réussir ses contrôles, et que le savoir soit ainsi dénaturé. Le risque est que la répétition, la primauté donnée à la contrainte et à l'effort fassent oublier le sens de l'apprentissage, privent l'enfant du désir, de la curiosité envers d'autres savoirs.

Les parents aident l'enfant :

- en revenant sur ses connaissances et habiletés nécessaires à l'exercice,
- en donnant exemples et contre-exemples,
- en vérifiant la qualité de sa compréhension.

L'intérêt, une aide pour apprendre

Il s'agit de guider l'enfant au savoir à travers diverses activités dans lesquelles il s'investit. Occupations artistiques, réalisations manuelles, jeux l'amènent à se développer intellectuellement. On est là dans des méthodes actives d'apprentissage, des méthodes de découverte où il est dit que, sans le désir de l'enfant, le savoir patine. D'expérience en expérience, il découvre par lui-même ce qu'il a besoin d'apprendre. Il agit et, en tâtonnant, s'approprie les connaissances davantage qu'elles ne lui sont enseignées. La tâche du professeur est de s'appuyer sur la curiosité naturelle de l'enfant, sur ses intérêts, et de le guider vers des disciplines moins évidentes, plus exigeantes.

Nous sommes dans une pédagogie du plaisir, de la motivation. L'enfant est plongé dans une tâche qu'il a choisie, ou du moins qu'on lui a suggérée et qu'il a acceptée, pour laquelle il mobilise son énergie et ses compétences. L'enfant est concerné, totalement impliqué.

Déclencher le désir à travers diverses activités, c'est apporter le plaisir, chasser l'ennui de la classe. Cependant, laisser l'enfant libre de son parcours, c'est risquer de le laisser survoler les connaissances. On peut avoir du mal à sortir du simple plaisir, de la production matérielle pour passer au « sérieux » de l'apprentissage parce que le sérieux, l'effort y sont tout de même nécessaires. La primauté donnée à l'activité sur le savoir peut nuire à l'acquisition mentale des connaissances : on privilégie le savoir-faire au détriment du simple savoir.

Les parents aident l'enfant :

- en ne portant pas de jugement de valeur sur ses activités,
- en étant à l'écoute de ses demandes,
- en accompagnant ses activités pour qu'il les mène jusqu'au bout.

Partir du projet de classe pour enseigner

Loin de l'écoute passive, de la simple mémorisation, du modèle à imiter, l'enfant est plongé dans l'action, une action réfléchie et structurée. Impliqué dans la réalisation d'un projet de classe. Placé dans une situation réelle, il comprend l'importance de l'apprentissage ainsi proposé. Ayant à résoudre divers problèmes, contraint de s'interroger sur les marches à suivre, il est sujet de sa propre construction intellectuelle.

Le projet qui implique l'élève doit avoir des objectifs précis. Que veut-on qu'il apprenne ? Quelles capacités veut-on lui faire développer ? L'élève fait. Il participe à la fabrication d'un journal, d'une exposition, d'une mini-éolienne ou d'un montage audiovisuel. Il s'agit pour lui de faire avec d'autres. Nous sommes là dans la collaboration, la communication. C'est à travers un ensemble de tâches plus ou moins complexes que l'élève, en partenariat avec ses camarades et soutenu par l'enseignant, se forme. La réalisation du projet permet une ouverture vers l'extérieur puisque les élèves fabriquent quelque chose qui sortira de la classe, servant de communication avec le monde.

La réalisation du projet doit en premier lieu permettre à l'élève de faire appel à ses savoirs et à ses savoir-faire, ainsi que de gagner en confiance en soi, de construire des compétences. Plongé dans des recherches personnelles (interviews, documentation sur Internet...), il analyse, synthétise, imagine des stratégies, opte pour des choix qu'il négocie avec les autres, développant ainsi son autonomie. Placé dans un travail de collaboration, il identifie mieux ses acquis et ses manques.

Quand un projet est bien programmé, que l'enseignant a fixé les buts, structuré les étapes, en lien avec des objectifs pédagogiques prédéterminés, il permet de placer l'enfant devant des obstacles qu'il ne peut surmonter qu'en passant par l'apprentissage traditionnel : écouter ou lire, comprendre, mémoriser, faire des exercices...

Ce que l'on peut reprocher à cette pédagogie est de privilégier le savoir-faire au détriment des savoirs et de la culture ; et aux professeurs, de rester dans l'urgence de la réalisation et de ne pas toujours prendre le temps nécessaire au transfert des compétences acquises.

Les projets menés au sein d'une classe aident l'enfant à :

- s'engager activement,
- prendre des initiatives,
- faire preuve d'exigence,
- se sentir responsable par rapport au groupe,
- écouter les autres,
- gérer le temps.

Mener un projet à la maison

Ce qui est intéressant dans la pratique de projet est qu'elle peut facilement s'insérer dans les activités familiales et leur donner une valeur pédagogique : organisation des vacances, d'un voyage, d'une fête, d'un jardin potager, bricolage sophistiqué ou même action caritative. Tout d'abord, parents et enfant définissent le projet, vérifient son réalisme et sa faisabilité. Quels sont ses buts, ses objectifs, ses étapes, les moyens nécessaires à sa réalisation ? L'important est de déterminer la responsabilité de chacun et les tâches collectives, de programmer le projet dans le temps.

L'enfant, tout au long du projet – qui peut prendre une semaine ou des mois – analyse son action en fonction de l'objectif et du programme définis, s'interroge sur les moyens, les stratégies à employer, mobilise ses savoirs et ses savoir-faire.

Enfin, le projet réalisé, vient le moment du bilan. Cette étape est décisive pour mettre en évidence compétences et manquements. Un temps/tampon est placé entre la réalisation du projet et le bilan fait en commun. Cela permet à tous d'être moins dans la subjectivité réactionnelle, moins dans l'émotion, d'être plus à même de percevoir la réalité.

Cette pratique du projet est particulièrement instructive si les parents laissent l'enfant agir de façon autonome, faire des erreurs et les assumer, s'ils le confrontent à des obstacles que peu à peu il surmonte.

Ne pas oublier

- Autonomie n'est pas synonyme d'indifférence
- Proposer n'est pas obliger
- Écouter ne signifie pas forcément accepter
- Accompagner ne veut pas dire être omniprésent

L'école autrement

Si l'on trouve la notion d'obligation scolaire dans la loi, rien ne précise la forme qu'elle doit prendre. Aussi des parents boycottent-ils l'école traditionnelle, leur préférant des écoles aux pédagogies alternatives ou encore l'instruction à la maison. Les raisons diffèrent. Il y a les déçus, qu'ils aient été, eux ou leur enfant, en conflit avec des enseignants ou que l'enfant ait souffert d'une quelconque violence. Les raisons pédagogiques sont évoquées également : l'ennui dont souffre l'enfant ou la méthode des enseignants, le rythme des apprentissages qui ne correspond pas à celui de l'enfant, trop rapide dans certaines matières, trop lent dans d'autres, le niveau de l'enseignement jugé insuffisant, voire le refus de certains contenus scolaires.

L'école Montessori

Qui ne connaît le célèbre « Apprends-moi à faire tout seul » de Maria Montessori ? Quelque cent ans plus tard, l'enseignement de cette pédagogue, basé sur le respect et l'écoute de l'enfant, est toujours d'actualité. Dans une école Montessori, l'enfant est considéré comme un être unique avec ses propres besoins, ses propres désirs. Quand il est en primaire, il s'agit pour lui de « penser tout seul ».

La pédagogie Montessori s'applique aux enfants de maternelle et de primaire. Mais il existe aussi des établissements secondaires qui s'en inspirent. On y retrouve les mêmes valeurs. En primaire, les classes sont constituées de tranches d'âge – 6 à 9 ans et 9 à 11 ans. L'enfant peut passer d'une classe à l'autre à tout moment, de façon à respecter son rythme et à ne pas freiner son développement. Des éducateurs, ayant suivi une formation spécialisée, accompagnent chaque groupe. Leur rôle est de guider l'enfant, de l'aider à « savoir apprendre ».

Chacun avance à son rythme, sans note ni pression. Un carnet indique les objectifs atteints, les prochains obstacles à franchir. Peu importe que l'enfant soit plus ou moins rapide, peu importe le temps qu'il consacre à chacune de ses activités, le principal étant la concentration qu'il y met.

Travail individuel et liberté pour l'enfant dans son activité. Il est acteur de son apprentissage, on le veut responsable et autonome. La pédagogie vise principalement à son épanouissement. Et pour cela, l'accent est mis sur l'attitude de retrait attentif et bienveillant de l'éducateur.

Pour encourager l'initiative chez l'enfant, pour faciliter et motiver ses apprentissages, on le laisse choisir son activité parmi celles qu'on lui propose. L'éducateur fait une démonstration, puis il le laisse reproduire l'opération tout seul. L'enfant peut y passer alors le temps qu'il veut. L'éducateur reste présent, simple observateur mais disponible si l'enfant demande de l'aide ou une information.

Question de parents

Quelle est l'importance de l'acquis dans les capacités des garçons et des filles ?

À la naissance, les différences entre les deux sexes seraient minimes. Elles gagneraient en importance avec l'éducation donnée par les parents. Ce qu'ils pensent de ce qu'est un garçon, de ce qu'est une fille génère des différences comportementales. Et les croyances qu'ont les enseignants, tout comme les parents, sur le fait que les filles seraient plus littéraires et les garçons plus doués pour les mathématiques font que leurs capacités sont sexuées.
Une expérience montre comment, dès le plus jeune âge, on peut conditionner les enfants selon leur sexe. Des chercheurs ont placé des bébés de moins d'un an au haut d'un plan qu'ils inclinaient plus ou moins. Une infime différence séparait filles et garçons, les filles se montrant les plus entreprenantes pour descendre quand l'angle du plan atteignait 45 °, les garçons ne s'aventurant pas au-delà de 38 °. Or lorsqu'il était demandé aux mères d'incliner elles-mêmes le plan pour leur bébé, elles imaginaient le contraire et sous-estimaient les capacités des filles. On retrouve les mêmes stéréotypes au sein de l'école. Lors d'expériences, le mouvement des yeux de certains professeurs de sciences a été filmé pendant leur cours : l'analyse des vidéos montrait clairement qu'ils s'adressaient bien plus souvent aux garçons. D'autres études de ce type amènent à la même conclusion : les garçons seraient prétendument plus matheux et plus naturellement intéressés par les sciences que les filles.

Ce qui est intéressant dans cet enseignement, c'est l'utilisation d'un matériel pédagogique particulier que l'enfant peut manipuler seul, et la possibilité d'autocorrection, ce qui lui permet d'évaluer lui-même son travail, de corriger ses erreurs sans passer forcément par l'adulte. D'ailleurs, il ne s'agit pas tant de réussir ou non que de s'exercer et de progresser.

Quand il le souhaite, au moment qui est le sien, l'enfant peut utiliser le matériel. Il existe des lettres rugueuses pour l'apprentissage de la lecture, des boîtes de grammaire, de conjugaison, des boîtes de calcul avec des perles pour manipuler les chiffres, des barrettes de perles en guise de dizaines, des tablettes de géométrie. Ce matériel favorise l'apprentissage par expérimentation. On apprend à l'enfant les notions d'une manière concrète en passant par la manipulation, ensuite lui sont enseignés les symboles : il arrive ainsi progressivement à l'abstrait. Langage, mathématiques mais aussi géographie, botanique, histoire, physique et chimie, musique et art : un matériel dans chaque discipline aide l'enfant à construire son savoir.

L'école Freinet

La pédagogie de Freinet, centrée sur l'enfant, est active et participative. Elle le pousse à découvrir par lui-même une grande partie de ce qu'il apprend. Elle repose sur l'expression libre, la motivation, la socialisation, le tâtonnement expérimental, le travail individuel et collectif. La personnalisation des apprentissages et l'autogestion permettent à l'enfant de progresser à son rythme. Régulièrement, avec l'enseignant et ses parents, il décide pour son temps de travail personnel d'objectifs à atteindre, il a par ailleurs liberté de gérer ce travail comme il l'entend. La bibliothèque de travail – véritable encyclopédie scolaire, faite de revues documentaires et de productions multimédias – ainsi que les fichiers correctifs contribuent à son développement et à son autonomie. Le fait qu'il soit évalué sans comparaison avec les autres élèves et qu'il participe à cette évaluation l'aide à progresser sans stress et sans perdre la confiance en ses capacités.

Pour Freinet, étudier la grammaire, le vocabulaire, l'orthographe n'avait en soi aucun intérêt : la langue s'apprend par tâtonnements expérimentaux. Le texte libre est un outil de base, emblématique de cette pédagogie. Par « libre », on entend un texte que l'enfant a envie d'écrire sur un sujet de son choix. Ce genre de texte socialise l'enfant par la mise au point coopérative des travaux personnels : lecture, échange avec les autres sur son écrit, choix de textes pour le journal, travail collectif en vue du tirage. Les questions qui se posent au sujet des textes, géographiques, artistiques, techniques, etc., sont l'occasion d'expériences, de visites à l'extérieur, de travaux d'atelier, de recherches documentaires. Les textes non imprimés dans le journal trouvent une place dans les cahiers personnels, la correspondance, les fichiers. Quant à l'exploration de la langue écrite, elle découle de besoins constatés lors de la correction des textes, ce qui permet de donner un sens immédiat à cet apprentissage.

Le vrai travail, tel que le pense Freinet, ne se réduit pas à ce qui se passe en classe. C'est un travail collectif ancré dans le réel et ouvert au monde. Comment motiver des élèves qui, malgré leur envie de travailler, en perdent le goût dans l'enseignement traditionnel ? Pour Célestin Freinet, il s'agit de les placer dans des situations de la vie réelle, des situations périscolaires ayant du sens. Alors naît l'intérêt qui les amène naturellement à questionner le savoir. Les connaissances sont une nécessité parce que les élèves veulent mener le projet jusqu'au bout. Et, tout naturellement, ils abordent les connaissances sans appréhension, sans ennui, ils les mémorisent, les utilisent. À l'enseignant de gérer le travail collectif, de faire en sorte que chacun ait, par des tâches qui lui sont adaptées, des obstacles à dépasser et qu'elles permettent un progrès. À l'enseignant de veiller à ce que l'enfant, en faisant, perfectionne des apprentissages.

Nous sommes là dans une pédagogie de projet.

L'école à la maison

La plupart des familles pratiquant l'école à la maison inscrivent leur enfant à des cours par correspondance qui suivent, point par point, le programme officiel. Mais d'autres approches sont possibles, comme l'accompagnement de l'enfant par des pédagogies différenciées. Des supports tels que les manuels et les logiciels éducatifs avec autocorrection, enrichis de quelques cours particuliers, permettent également de mener à bien les études. Et de pallier une difficulté souvent évoquée par les parents : être d'une aide utile malgré leurs propres failles dans certaines matières.

Psycho

Jouer avec l'enfant

Les parents qui jouent avec leur enfant à des jeux vidéo ont des rapports facilités, des échanges chaleureux avec eux. Et moins conflictuels quand il s'agit d'un adolescent. Peu importent les jeux. L'enfant partage un moment avec son père ou sa mère, un moment hors du rythme quotidien, hors des préoccupations du scolaire. C'est une ponctuation heureuse. Bien entendu, il y a d'autres façons ludiques d'échanger avec lui. Mais les jeux vidéo appartiennent à son domaine, à sa culture. L'enfant a souvent l'impression que le plus important aux yeux de ses parents sont ses résultats scolaires, par conséquent il apprécie le fait qu'ils ne dévalorisent pas l'entrain qu'il met dans les jeux et que ses parents, ou du moins l'un d'eux, loin de les dénigrer, s'y intéressent au point d'y trouver un certain plaisir.

Un des avantages pour un enfant d'étudier à la maison est de pouvoir échapper ainsi à la compétition et à la pression de la classe ; autre atout : il peut gérer son emploi du temps. Ainsi, les apprentissages strictement scolaires peuvent être regroupés aux heures qui lui conviennent le mieux. Le reste de la journée sera consacré à des activités sportives ou artistiques, à la lecture, à des recherches, au bricolage, à des occupations qui ont sa préférence.

Dans le cas d'une fratrie, les aînés aident les plus jeunes, font du soutien, ce qui est pour eux l'occasion de consolider leurs connaissances.

Chacun peut apprendre et progresser à son rythme. Aux parents de faire en sorte que l'enfant acquière,

Question de parents

Comment peut-on faire travailler ensemble plusieurs enfants ?

On peut, à partir d'un sujet en sciences, en histoire, en géographie, leur demander de mener un travail commun : ils recherchent les informations dans des livres ou sur Internet, ils enquêtent, discutent des points importants et de ceux qui le sont moins. L'un rédige, un autre corrige, ils préparent des comptes rendus. Ils font ensemble de petites expériences scientifiques.

En français, on peut partir d'un texte : grammaire, orthographe, travail de compréhension et œuvre d'imagination, de réflexion. Chaque enfant lit le texte et imagine des questions diverses et pertinentes. Puis il pose ses questions auxquelles les autres doivent répondre. « Si on changeait le temps d'un texte, comment l'écrirait-on ? Quel est le pluriel de ce mot composé ? Si l'action se déroulait non pas dans un quartier d'une grande ville mais dans un port marchand, que se passerait-il ? Quels sont les indices qui font comprendre des faits non clairement exprimés dans le texte ?... »

L'important est que chacun participe en fonction de son âge, de ses connaissances. Que le travail soit fait dans le respect et l'écoute de l'autre, dans le partage.

en dehors des points du programme, des éléments indispensables à sa culture générale, qu'ils l'amènent à penser par lui-même, à réfléchir, à être dans la curiosité, dans le faire et non dans le laisser-faire.

Le saviez-vous ?

Pour 90 % des parents français, l'éducation dépend de la réussite scolaire de l'enfant.

37 % d'entre eux estiment cette réussite importante, et 53 % plutôt importante.

(Sondage TNS/Sofres 2009)

Quant à l'enfant, il lui faut savoir gérer son autonomie et trouver la motivation nécessaire à se mettre à la tâche sans y être contraint par ses parents. Il doit être rigoureux dans l'organisation de son travail et s'y tenir.

Autre point auquel les parents se doivent d'être attentifs, c'est de bien différencier leur enfant et leur enfant/élève. Ce qui n'est pas toujours évident dans une scolarité classique l'est encore moins quand ils se font enseignants à la maison. Pour cette raison, il est bon

Psycho

Instruire l'enfant à la maison tout en le socialisant

Une crainte fait hésiter les parents à instruire leur enfant à la maison, celle de le désocialiser. Si l'enfant est unique, ne souffrira-t-il pas de solitude, et, s'il s'agit d'une fratrie, ne se refermera-t-elle pas sur elle-même ?

Déscolariser un enfant ne signifie pas le tenir éloigné des autres. Tout doit être fait pour privilégier les contacts avec d'autres enfants, d'autres familles, à travers des activités extrascolaires. Et puis, il y a les liens qui se font naturellement dans la vie. On invite ses amis, on l'incite à avoir des occupations communes, à sortir avec eux. On veille à ce que ses seuls contacts ne se limitent pas aux réseaux sociaux. Quand l'enfant va à l'école, il est artificiellement séparé d'autres enfants d'âge différent, alors que, éduqué à la maison, il a des contacts avec des personnes de tous âges, ce qui est d'une plus grande richesse.

Si l'on fait en sorte qu'il soit en lien régulier avec d'autres enfants, sa socialisation se fait sans problème. De plus, étant davantage en contact avec des adultes qu'un autre enfant enfermé à l'école, il est plus mûr, plus ouvert sur le monde extérieur.

de travailler dans une pièce réservée à cet effet et de se tenir à des horaires fixés à l'avance. Des respirations sont nécessaires pour éviter que le face-à-face parents/enfant ne devienne trop prenant et que les rapports n'en souffrent. L'enfant a des activités à l'extérieur de la maison, les parents mènent leur vie d'adultes, de couple, leur vie professionnelle. On casse la routine le plus souvent possible.

> **Savoir que deux enfants** :
>
> - n'ont pas les mêmes rythmes de travail,
> - n'ont pas la même motivation pour une même matière,
> - n'utilisent pas les mêmes méthodes, les mêmes stratégies,
> - ne progressent pas à la même vitesse,
> - n'ont pas les mêmes projets.

Et savoir que, si un enfant est fait pour l'école à la maison, un autre ne l'est pas forcément.

Les nouvelles technologies et l'école

Aujourd'hui, l'école s'adapte à la culture numérique, celle des enfants nés avec Internet. Cela ne se fait pas sans mal ni sans réticence. Les analyses concernant l'impact des technologies de l'information et de la communication (TIC) dans l'apprentissage sont diverses et souvent même contradictoires.

Pour celles qui leur sont favorables, les élèves sont plus autonomes, participant davantage à la construction du savoir, tout en bénéficiant d'un apprentissage individualisé. Ils apprennent à leur rythme, en classe tout autant qu'en dehors. Pour d'autres, l'impact se traduit plus par un changement comportemental positif (intérêt, attention, motivation...) que par l'acquisition de réelles connaissances. Il est vrai que, si le matériel informatique est performant, les outils proprement pédagogiques sont rares, pas vraiment innovants (tests, exerciseurs) et les professeurs peu formés.

> **Le saviez-vous ?**
> C'est en zone rurale que les premières écoles ont été dotées en numérique : ordinateurs et tableau blanc interactif. Désormais les élèves ne sont plus handicapés par leur isolement géographique. Ils ont accès à toutes les sources d'informations et de connaissances diverses véhiculées par Internet. Documentation et culture. Communication, échange, partage.

Nécessité des TIC dans l'enseignement ou simple plus-value ? On en est encore aux comptes rendus d'expérimentations, aux observations dans les classes où elles sont utilisées. Une question se pose : ces pratiques vont-elles se cantonner à un rôle utilitaire (cahier de textes, exerciseur, évaluation des apprentissages) ou, mieux, faciliter les projets transdisciplinaires et le développement de compétences transversales (autonomie, rigueur, responsabilité...), ou se révéleront-elles vraiment innovantes, révolutionnant l'art d'enseigner, l'art d'apprendre, modifiant les rôles de l'élève et du professeur, la nature de leurs interactions ?

Aux dires de nombreux chercheurs, les capacités nécessaires à mémoriser (compréhension et par cœur) seraient désormais moins sollicitées puisqu'en deux clics sur Internet, il est possible d'avoir accès à toutes les informations désirées. Il s'agirait donc moins d'emmagasiner des connaissances que de savoir les chercher. Quoi ? Où ? Comment ? L'enfant développerait ainsi d'autres capacités. Encore faudrait-il qu'elles ne le soient pas au détriment de celles qui sont déjà acquises.

Nous n'en sommes pas là. Pour le moment, les TIC, telles qu'elles sont utilisées, se révèlent être un outil de travail, un outil permettant d'échanger grâce à Internet, de partager des savoirs et des expériences. Ce sont des sources d'activités porteuses de sens, précieuses pour remotiver des élèves en panne de désir. Profondément impliqués dans des projets, ils progressent et se réinvestissent en classe. Selon les tâches, les compétences améliorées sont diverses, plus ou moins assurées, mais intéressantes notamment dans le travail de la langue : écrits des élèves variés, logiques et structurés...

> **Le saviez-vous ?**
> Trois outils permettent désormais d'accéder aux Technologies de l'Information et de la Communication pour l'Enseignement (TICE) : le tableau blanc interactif, la « classe mobile » et l'accès à haut débit à Internet.
> Une classe mobile est composée d'ordinateurs portables pour chacun des élèves, d'une imprimante, d'un vidéo-projecteur relié à l'ordinateur de l'enseignant, d'une station de recharge et d'une borne Wi-Fi. Le tout est rangé dans un meuble chariot que l'on peut aisément déplacer d'une salle de classe à une autre.
> Le tableau blanc interactif remplace le tableau noir, qui paraît désormais bien dépassé. Le professeur y écrit ou projette des informations, illustre son cours de croquis, de cartes, de photos ou de vidéos, et il peut garder tout cela en mémoire.

Dans les compétences transversales, on en remarque certaines qui, transférées dans le domaine strictement scolaire, seraient fort utiles aux élèves : respecter la consigne donnée, ajuster la réalisation aux contraintes, contrôler le résultat en fonction du projet tel qu'il a été défini. Ces compétences sont absentes quand un enfant fait un devoir de maths, de français ou de toute autre discipline : il survole l'énoncé, ne vérifie pas, en cours de rédaction, qu'il fait bien le travail demandé, ne contrôle pas la cohérence de ses résultats.

Dans des classes de plus en plus nombreuses, tant au primaire qu'au début du secondaire, l'utilisation des TIC a changé le mode d'apprentissage. L'enseignant voit son rôle se modifier. Toujours aussi essentiel, mais prenant appui sur d'autres bases. L'enseignant devient aussi un accompagnateur permettant une acquisition du savoir plus personnalisée. En classe, la pédagogie frontale est remplacée par une pédagogie plus dynamique, participative et différenciée. L'enseignant donne son cours en le ponctuant de photos ou de vidéos ou encore en écrivant sur un tableau interactif. L'élève, seul ou en groupe, évoque le cours, fait des allers-retours du tableau à son ordinateur. Il travaille et l'enseignant, qui a accès à tout moment à sa production, peut lui venir en aide, la donner à voir aux autres élèves sur le tableau. Plusieurs productions

Le saviez-vous ?

Jouer à des jeux vidéo activerait la production de dopamine, un neurotransmetteur essentiel dans le processus cérébral de la motivation et de la récompense. Cela explique que l'enfant soit capable de rester longtemps sur un jeu pour résoudre des énigmes, trouver des solutions à certains problèmes – ce qu'on peut noter, mais plus rarement, au cours d'un apprentissage scolaire.

Malheureusement, cette même dopamine serait impliquée dans les phénomènes d'addiction. C'est ainsi que des enfants deviennent dépendants des jeux et ne parviennent plus à prendre de la distance, à trouver de l'intérêt à autre chose qu'au virtuel.

peuvent se partager l'espace du tableau, celle du professeur et celles des élèves.

Question de parents

Les jeux vidéo dits éducatifs tiennent-ils leurs promesses ?

Il est difficile de généraliser. Comme dans tout autre domaine, on trouve sur le marché de bons produits et d'autres beaucoup plus insignifiants. Un bon jeu peut être source de connaissances, tout comme un livre. Il a peut-être un atout supplémentaire : les nombreux problèmes que l'enfant doit résoudre au fil du jeu. Il lui faut utiliser ses connaissances et aussi faire appel à sa mémoire, à sa réflexion. Il doit envisager des stratégies, les comparer, faire des choix, accepter ses erreurs, parfois les analyser afin de poursuivre la partie. Un enfant acquiert des compétences en jouant.

Mais les opinions divergent quant à leur transfert. Une compétence développée ainsi par un enfant peut-elle lui être utile dans le domaine scolaire ? Un enfant qui au fil de jeux a appris à réfléchir à différentes stratégies pense-t-il à faire de même lorsqu'il bute sur un problème au cours d'un apprentissage ? Il semblerait que le transfert ne se fasse pas naturellement. L'aide des parents ou de l'enseignant serait nécessaire pour que l'enfant apprenne à utiliser ses aptitudes non seulement dans l'univers ludique mais aussi dans ses apprentissages scolaires.

L'élève gère lui-même son parcours, que ce soit en mathématiques, en français, en langues, en histoire ou encore en géographie. Pour cela, il dispose de modules reprenant les cours dispensés en classe, de modules d'entraînement et de modules d'évaluation. Il organise ses temps d'entraînement et de remédiation (mise en œuvre de moyens permettant de *remédier* aux difficultés rencontrées).

L'enseignant ou encore les parents peuvent facilement suivre sa progression, ses difficultés, tant au niveau des compétences que de ses stratégies, et lui apporter les aides nécessaires tout en le laissant par ailleurs conduire ses apprentissages de manière plus autonome et responsable que dans un apprentissage traditionnel.

Des jeux sont à l'étude qui permettraient à l'élève de développer plusieurs aptitudes à la fois, entre autres en mathématiques, vocabulaire, logique et sens critique. Dans quelques écoles – nombreuses aux États-Unis –, ces jeux sont utilisés. Ils mettent en évidence la concentration de l'élève joueur et le rôle de l'erreur dans l'apprentissage. L'élève progresse dans le jeu en surmontant des obstacles et en résolvant des problèmes. Pour cela, il fait appel à des connaissances diverses, il réfléchit : il fait des erreurs, recommence, échoue à nouveau et, d'erreurs en remédiations, il avance. Jouer ôte aux erreurs la charge émotionnelle qu'elles ont généralement dans l'apprentissage : l'élève sait que faire des erreurs n'empêche pas de progresser. Vécues comme une expérience, elles deviennent même stimulantes.

Le saviez-vous ?

La tablette numérique est du plus grand intérêt pour tous les élèves qui, pour une raison ou pour une autre, sont en marge du système scolaire classique. Il peut s'agir d'élèves fragiles ou en grande difficulté, ou au contraire de surdoués en manque de stimulation, de dyslexiques, d'enfants sportifs de haut niveau et bien entendu de tous les enfants dont l'enseignement se fait à la maison.

Savoir chercher : une compétence nouvelle

En surfant de site en site, l'enfant qui est dans la curiosité enrichit son bagage culturel de sujets qui l'intéressent et pour lesquels il fait des recherches, et de connaissances qu'il n'attendait pas mais qu'il met aussitôt en lien avec d'autres qu'il possède déjà.

Pour être un élève adapté au monde actuel, il ne lui suffit plus d'emmagasiner des informations qu'on lui donne à mémoriser. Il lui faut désormais savoir chercher sur le Net, l'explorer pour trouver des données à capitaliser. Pour cela, il doit accepter l'inconnu, il doit trier.

La **sérendipité** est une nouvelle compétence à développer. Elle consiste pour l'élève à trouver une information qui n'était pas le but de sa recherche mais se révèle être un apport pertinent. Explorer, c'est surfer dans l'incertitude de ce que l'on va trouver. Ceux des enfants qui possèdent cette faculté de capter et d'assimiler des données inattendues prennent en fait le contrôle de leurs recherches. Ils se sentent à l'aise avec le sentiment d'incertitude lié à ce genre d'exploration. Ils sont avides d'informations, curieux et ouverts aux rencontres amenées par le hasard, ils sont à l'affût du nouveau. Ils approfondissent ainsi leur rapport à la connaissance. Les rencontres qu'ils font avec le savoir ne sont pas dues à la seule chance. Il faut de la perspicacité, de la sagacité, ce profond et subtil discernement qui permet de voir ce qui est noyé sous une masse d'informations. Ils doivent être

> **Le saviez-vous ?**
> La tablette numérique peut remplacer avantageusement un cartable : dictionnaires divers, encyclopédie, cahier de textes, cahiers d'exercices, manuels, calculatrice, rapporteur, règle...

curieux, mentalement agiles et préparés à cette rencontre. Ceux qui ne sont pas à l'affût, en attente, ne voient pas la connaissance, le fait intéressant.

Savoir passer d'un sujet à l'autre par association d'idées et être capable de s'arrêter sur une information, de la saisir et de l'interpréter est une compétence que n'a pas développée l'école qui misait jusqu'ici sur la logique rationnelle. Désormais, il s'agit pour l'enfant d'accepter de chercher sans être certain d'avoir un résultat immédiat, de comprendre que chercher est tout aussi important que trouver. Encore faut-il, pour les professeurs et les parents, lui enseigner à trier et, pour cela, à acquérir un esprit critique.

Partir à l'aventure sur le Net, non pas pour y traîner mais en quête de ce rien, de ce trésor qui peut surgir au moment où on s'y attend le moins, et savoir s'en saisir est une première étape. La deuxième est celle de prendre le temps de ne pas le laisser s'échapper. Le risque, c'est que, trop pressé de passer à autre chose, d'aller au-devant d'autres découvertes, l'enfant se jette sur un autre site avant d'avoir pris le temps nécessaire pour gérer sa découverte. La pause est cruciale car elle permet au cerveau de synthétiser l'information, d'établir des connexions entre les idées, de mémoriser.

Professeurs innovants, professeurs inventifs

Aux dires des parents, si l'on parle de réformes chaque année, dans le quotidien des élèves, on ne voit rien changer. Pourtant, même au sein de l'école traditionnelle, l'enseignement n'est pas aussi figé qu'il le semble. Des expériences intéressantes voient le jour. Le problème, c'est que, malgré les réussites évidentes, elles restent le plus souvent confinées au sein de la classe ou de l'école. Cependant, des tentatives ont commencé à répandre ces projets innovants, ont fédéré des enseignants. Internet permet de propager les idées, de commenter, de partager, d'avancer.

> **Le saviez-vous ?**
> Selon une enquête 2010 de l'institut CSA auprès d'un millier de jeunes enseignants français, 49 % font plutôt confiance aux méthodes qui ont fait leurs preuves. Ils étaient 40 %, six ans plus tôt.
> Quant à ceux qui sont pour tenter des méthodes innovantes, ils sont 45 % contre 54 % auparavant.

Les expériences sont diverses, tout comme les méthodes. Un point commun : tout dépend de l'enseignant, de sa relation avec ses élèves, de son investissement et de sa passion, de la passion qu'il a non pas tant pour sa matière que pour la partager. Celui qui innove a le désir de rendre ses élèves curieux et autonomes, de développer leur sensibilité, leur culture. Comment rendre l'école attractive aux yeux des élèves ? Comment faire en sorte qu'ils voient de l'intérêt à s'y rendre, qu'ils pressentent qu'il y a du sens à ce qu'on leur enseigne ? Chaque professeur bricole avec ce qu'il sait faire, avec ce qu'il aime faire, avec ce qu'il pense plaire à ses élèves.

Il y a la lecture en réseau autour d'un thème, qui permet aux petits écoliers de devenir critiques et concepteurs graphiques. Le plaisir qu'ils ont à résumer un livre, à concevoir et à dessiner une couverture leur permet d'aller au-delà d'une simple lecture. Il leur faut avoir bien

> **Le saviez-vous ?**
> Les enseignants favorables à l'usage des technologies de la communication et de l'information invoquent la motivation des élèves, la possibilité de s'occuper plus finement de chacun, et la relation facilitée entre professeurs/parents/élèves.
> Les enseignants plus rétifs craignent une perte de temps lors de l'installation et de la mise en route des ordinateurs, une dissipation plus grande des élèves et le manque de ressources numériques intéressantes.
> Ils s'interrogent aussi sur l'efficacité pédagogique des TIC.

saisi le sens de l'histoire, savoir en tirer l'essentiel. Ce qui leur paraîtrait une tâche ardue, si leur étaient posées de simples questions au sujet du texte, devient un plaisir malgré l'effort et la difficulté à faire un résumé.

Dans d'autres classes, l'écriture prend son sens pour les élèves quand on leur demande non pas de raconter leurs dernières vacances mais d'écrire une poésie, une comptine pour l'album de la classe, ou un petit mot à mettre dans le courrier en partance pour une classe lointaine. Ou encore de tweeter pour des élèves-correspondants. Quelle meilleure façon d'apprendre l'orthographe et de savoir construire une phrase correcte !

Certains enseignants de disciplines différentes font projet commun. Un professeur de français associé à un professeur de sciences de la vie et de la terre, et c'est la visite d'un musée d'histoire naturelle ou le visionnage d'un documentaire, puis le travail en groupe : interviews suivies d'un compte rendu oral ou écrit, dessins, photos ou schémas à l'appui.

Professeurs d'art, d'informatique, de français apportent leur aide aux élèves pour la création d'une émission : choisir le nom de la radio, dessiner son logo, mener des entretiens, œuvrer sur les textes qui seront diffusés (montage, travail sur la langue). D'autres supervisent la création d'un site, la réalisation d'un feuilleton interactif avec d'autres classes sur le Net, la correspondance avec des écoles en Afrique, en Australie.

Dans toutes les disciplines, on trouve des initiatives intéressantes qui mobilisent les élèves, attirés par des projets artistiques, scientifiques, voire sportifs. Ces expériences, outre le travail scolaire qu'elles génèrent, sont utiles à l'épanouissement des élèves. Estime de soi, apprentissage de la rigueur, du travail collaboratif.

Autre dispositif de travail intéressant : il ne s'agit pas pour l'enseignant d'attirer l'élève vers le savoir grâce à des activités diverses et passionnantes, mais de rester dans le strictement scolaire. De rester dans le scolaire mais de l'imaginer autre. Ainsi, un cours de maths peut se transformer en cours de réflexion. Un problème est donné aux élèves qu'ils peuvent aborder avec leurs connaissances – mais un problème suffisamment ouvert pour qu'il n'y ait pas une seule réponse possible. Et les élèves de rédiger leur raisonnement. Ils évoquent leurs hésitations, leurs tâtonnements, les retours en arrière, la relecture de l'énoncé, ils analysent leurs erreurs, parlent des méthodes employées : l'élève n'est plus dans le stress de la bonne réponse, il est dans la recherche. La narration de recherche est une expérience intellectuelle qui donne du sens aux mathématiques.

Comment faire pour s'assurer que les élèves comprennent et ne restent pas dans un vague par cœur, une saisie partielle de la connaissance ? Certains enseignants leur demandent non pas de savoir réciter le cours mais de savoir poser une question intelligente, pertinente à son propos, ou encore de trouver une correspondance avec un fait, une idée n'appartenant pas forcément à la discipline. Réflexion, pertinence, curiosité, recherche, apport personnel, voilà un travail de compréhension parfait, d'autant que tous les élèves se nourrissent pendant le cours de la contribution des autres.

D'autres enseignants plus téméraires (car ils ont à affronter des parents affolés) acceptent que leurs élèves fassent des antisèches du cours, antisèches aux dimensions définies, écrites à la main. Ils doivent la remettre avec le contrôle, car c'est l'ensemble qui est noté. Faire une bonne antisèche demande un travail de compréhension, exige d'avoir saisi l'essentiel du cours, de mettre les mots qui permettent de le retrouver dans sa mémoire. C'est une grande partie du travail d'apprentissage qui est fait ainsi. Si le contrôle n'est pas à la hauteur de ce qu'attend l'enseignant, l'élève doit refaire une antisèche !

Dans quelques classes, pour l'épreuve de dictée, on divise les élèves en groupes homogènes. Chacun écrit. Puis les élèves, dans chaque groupe, réunissent leurs dictées en une seule après avoir discuté de l'orthographe. Cela les oblige, pour justifier l'écriture, d'être dans l'évocation de la grammaire. Ils prennent ainsi l'habitude de la réflexion.

Il y a une école où, pour tuer l'ennui, les cours durent 45 minutes, les heures récupérées permettant la tenue d'ateliers artistiques, sportifs ou scientifiques. Il y a des cours pendant lesquels un universitaire parle à des adolescents des rapports entre maths et finance, des moments de philosophie glissés dans les enseignements des sciences, d'autres consacrés à l'expression, l'écriture libres, sans que l'orthographe ou la syntaxe déficientes soient sanctionnées, d'autres encore affectés à la confrontation d'idées, au raisonnement sur des sujets suggérés par les élèves. Des classes où l'on aborde, au fil de l'actualité, la consommation, l'écologie, le lien à la nature. Des moments pour apprendre aux élèves ce qui leur sera utile désormais : savoir créer, produire, partager en réseau.

L'école ailleurs

Un peu partout dans le monde, écoles et enseignants innovent, expérimentent. Ainsi dans plusieurs écoles aux États-Unis, au Canada, le cours « à l'envers » a remplacé le cours classique (écoute passive, prise de notes...). Le processus d'apprentissage a été inversé. Dans ces écoles, les élèves visionnent un cours, envoyé *via* Internet par leur professeur, et, le lendemain, ils sont dans une interaction dynamique et fructueuse avec lui, et entre eux. Le professeur revient sur le cours, insiste sur certains thèmes complexes, répond à leurs questions. C'est là qu'est le point important : l'élève ne se laisse pas enseigner, il débroussaille le cours chez lui, il s'arrête sur les passages obscurs du cours, sur ce qu'il n'est pas certain d'avoir bien compris, il a des questions précises à poser à son professeur, dont les réponses font sens car l'élève est en attente. On est dans un apprentissage beaucoup plus actif pour l'élève, concerné par ce que dit le professeur, et non dans l'écoute passive.

Ce mode d'enseignement est malheureusement peu développé, ce qui est regrettable quand on sait que la mémorisation et la compréhension dans un cours « à l'envers » sont bien plus solides que dans un cours « à l'endroit ».

Dans d'autres classes, en Italie et au Québec, le professeur prend du temps pour revenir sur les connaissances nécessaires à la compréhension du cours. La démarche est peu commune, malgré l'apport incontestable au niveau de l'apprentissage. Habituellement, les élèves apprennent une notion, un jour, une semaine, puis le professeur passe à la notion suivante. Il ne revient pas en arrière soit par manque de temps, soit parce qu'il suppose que dans leur grande majorité les élèves ont compris. Or les études montrent le contraire : aussitôt appris, déjà à moitié oublié. Il en résulte une compréhension et une mémorisation fragiles. Le fait de revenir sur des connaissances vues précédemment (d'y revenir autrement) permet de poser la nouvelle leçon sur des bases solides.

En Hongrie, en Californie, le cinquième du temps d'un cours est consacré au travail de groupe. Les élèves ont un devoir, une recherche à faire en commun. La tâche donnée ne peut être résolue par le seul bon élève, au contraire, si le groupe veut y parvenir, l'aide même des plus faibles est nécessaire. Chacun doit donc exposer ses idées, les défendre, argumenter, écouter les autres. Les élèves apprennent à communiquer, à être attentifs. Ils prennent confiance en eux car ils ne sont pas stressés par le fait de ne pas savoir. Même les plus timides osent peu à peu s'imposer. Dans le travail en commun, il n'y a pas de compétition mais de la coopération. Et la réussite est là, pour le groupe et, par voie de conséquence, dans le travail personnel.

Une école publique fait un travail remarquable au Portugal. Les enseignants de l'Escola da Ponte se sont inspirés au départ de différents courants pédagogiques, de différentes expériences. Liberté pour l'élève du choix de son travail. Autonomie, solidarité, responsabilité. Travail individuel, en petits groupes, activités de recherche, débat, convivialité, participation des élèves aux décisions de la vie de l'école. Du déjà-vu. Mais le projet est allé plus loin : les élèves ne sont pas divisés par classes, les groupes sont hétérogènes et les enseignants – que les élèves peuvent choisir pour les accompagner dans une activité – travaillent toujours en équipe et sont les enseignants de tous les élèves. Pas de classes mais trois espaces : initiation, consolidation et approfondissement. Au sein de l'espace d'initiation, les professeurs aident à réaliser les objectifs convenus avec ceux qui ne peuvent travailler seuls du fait de leur âge ou des méthodes de l'école auxquelles ils ne sont pas habitués. Puis, dans l'espace de consolidation, ils laissent les élèves devenir autonomes jusqu'à finir, dans l'espace d'approfondissement, par les guider sur la voie de l'apprentissage prédéfini. Pédagogie active et structurée, adaptée à la diversité des élèves, traités comme des enfants porteurs de savoirs.

L'école du futur

Si l'école telle qu'elle existe actuellement est appelée à de grands bouleversements, c'est tout d'abord en raison d'un hiatus entre l'école telle qu'on l'a voulue (école

Psycho

De l'importance d'avoir deux adultes en classe de primaire

Il est primordial de ne pas laisser un élève sur le bord de la route à l'âge où se font les apprentissages fondamentaux. Aussi, pourquoi ne pas imaginer deux adultes par classe en primaire ? Ils sont de formation complémentaire, l'un est enseignant, responsable du programme général, l'autre est en charge de la dynamique de groupe, de l'organisation des élèves en ateliers collaboratifs et du soutien des élèves en difficulté. On sort du face-à-face qui rigidifie les rapports et laisse peu de place à la liberté de parole, à l'écoute. Un équilibre est trouvé : méthode classique d'apprentissage et approche active et différenciée. Il y a donc un adulte qui enseigne lecture, mathématiques, histoire... il transmet son savoir ; et un autre qui, dans le même temps, accompagne un groupe d'élèves dans des projets collectifs, valorise leur implication et leur rôle, favorise l'empathie et la communication. Il aide l'enfant/élève à accomplir son objectif personnel, à évaluer ses progrès. Il a un rôle de médiateur, de facilitateur.
Les deux adultes forment une équipe en interaction constante : on a deux regards bienveillants, l'un plus pédagogique, qui suit la construction du savoir chez l'élève, l'autre qui trouve intérêt à l'enfant en développement, à son épanouissement intellectuel et personnel. Qui l'aide à construire son identité.

pour tous, égalité des chances) et ce qu'elle est devenue. C'est une école injuste envers les plus faibles, dont le niveau ne fait que régresser, et injuste envers les bons qu'elle ne peut amener à davantage de curiosité, à plus d'excellence. Le cours traditionnel – le maître, assis à son bureau, donnant son enseignement face aux élèves passifs – est voué à disparaître ou du moins à subir des changements drastiques. Cet enseignement nivelé pour correspondre à un élève moyen n'est plus guère adapté à son époque : diversités culturelles et sociales des élèves de plus en plus nombreuses, profils, attentes, niveaux différents. Le système trop homogénéisé peine à amener tous les élèves au savoir, à favoriser leur épanouissement.

Lutte des différentes pédagogies, arrivée de l'informatique et d'Internet, l'école à l'ancienne est dans l'impasse, à moins qu'elle ne soit tout simplement à un tournant, s'apprêtant au changement. Toutes les innovations et tentatives pour rendre l'apprentissage épanouissant et signifiant dessinent déjà l'école du futur.

Une école en empathie avec l'élève, une école où il se sent bien, où il est mis en valeur par les enseignants, où l'on diversifie les talents, où, les différences étant synonymes de richesse, l'élève trouve naturellement sa place dans des groupes hétérogènes qui fédèrent les élèves de tous âges aussi bien que des adultes et qui ajustent leur équilibre dans la coopération, le tutorat, l'écoute de l'autre, la responsabilité.

Une école où la singularité de l'enfant est reconnue, la personnalité de l'élève également, où son projet personnel, ses objectifs sont au moins aussi importants que ceux pensés par les enseignants et les parents. Où lui sont donnés les moyens d'avoir accès à sa vie mentale afin qu'il sache ce qu'il doit faire pour penser, pour réfléchir, et se trouve ainsi le chemin de la réussite.

L'enseignant y trouve un juste équilibre entre la transmission de ses connaissances aux élèves et son rôle de guide, d'accompagnateur dans le cheminement de chacun dans sa quête du savoir. Et l'enseignant est aidé en cela qu'il n'est jamais laissé seul face à une classe.

L'épanouissement de l'élève passe par une conception de la réussite autre que les notes. Dans cette école, on ne se focalise pas sur la réussite immédiate. La réussite y est synonyme d'objectifs personnels, de maîtrise et de dépassement de soi.

Les technologies de l'information et de la communication sont incontournables, et l'enseignant guide l'élève pour que les expériences, partage en réseaux et recherches sur Internet ne soient pas une fin en soi mais le tremplin pour apprendre à penser par soi-même.

Enfin, cette école sait résister à la seule amélioration des compétences des élèves en vue des besoins du marché. Si elle les aide à acquérir une somme de connaissances et de compétences nécessaires, parallèlement, elle leur ouvre l'accès à la pensée. Elle lutte contre le seul savoir utilitaire, le savoir immédiat, et s'intéresse au vrai savoir qui se construit peu à peu ; elle se préoccupe de culture, richesse intellectuelle de l'enfant et de l'adulte qu'il deviendra.

Les règles d'or

- Favoriser l'autonomie et le goût de l'effort
- Instaurer le négociable et le non-négociable
- Susciter l'intérêt pour une quête précise et la curiosité pour tout ce qui surgit
- Privilégier la culture
- Valoriser les questions
- Encourager la singularité et le goût du risque
- Développer le sens critique
- Faciliter l'approche collaborative et les recherches personnelles
- Accompagner l'enfant dans son présent
- Scénariser l'avenir de l'enfant : lui élargir le futur

AU TERME DE CE PÉRIPLE, QUE CONCLURE ?

Les parents doivent-ils suivre à la lettre tous les conseils donnés au fil de ces chapitres ? Chaque enfant est unique, et l'aider c'est avant tout être attentif à lui. Mieux le connaître pour mieux le suivre et adapter ces conseils à ce qu'il est. C'est trouver le juste équilibre où placer l'élève au sein de la vie familiale.

Si l'on veut que l'enfant apprenne, en ait le désir et y trouve du plaisir, il s'agit de s'intéresser à ses ressources et à ses compétences qui ne sont pas forcément celles demandées par l'école, mais sont le point de départ de sa construction intellectuelle.

Cet intérêt ouvre naturellement au dialogue, et c'est là que l'accompagnement des parents prend tout son sens. Parler et faire parler l'enfant pour l'amener à la réflexion, à l'autonomie, à la maîtrise de sa pensée. Parler et l'écouter pour entendre ce qu'il dit.

Cette meilleure connaissance de l'enfant permet un échange fructueux avec les enseignants, échange essentiel pour un apprentissage sans douleur tout au long de la scolarité.

L'attitude de l'enfant face au savoir, ses démarches, sa curiosité, ont autant d'importance que les connaissances qu'il est censé engranger. Aux parents de l'aider à s'interroger sur le monde et sur lui-même. À devenir un enfant qui apprend, en toute tranquillité.

De quoi a-t-il besoin pour y parvenir : besoin de la confiance de ses parents pour s'imaginer capable de réussir, besoin de leur exigence bienveillante pour donner le meilleur de lui-même, besoin de leur écoute pour se sentir compris, estimé.

Il ne faut pas oublier que c'est dans le regard de ses parents qu'il découvre sa propre image d'enfant en train de se construire. Et c'est par rapport à ce regard qu'il se détermine dans l'incapacité à désirer, à faire effort, ou dans le plaisir d'apprendre.

BIBLIOGRAPHIE

Barth Britt-Mari, *Le Savoir en construction,* Retz, réédition, 2002.

Baruk Stella, *Dictionnaire de mathématiques élémentaires,* Seuil, 1992.

Buzan Tony, *Une tête bien faite,* Les Éditions d'organisation, 2004.

Charmeux Évelyne, *Apprendre à lire : échec à l'échec,* Milan 1987.

Dyckmans-Rozinski Annie, *Vocabulaire junior,* Le Robert 2005.

Delannoy Cécile, *Une mémoire pour apprendre,* Hachette 1994.

Gallien Marie-Pierre, *Libérer l'imagination,* Bayard/Centurion, 1993.

Gelbert Gisèle, *Le Cerveau des illettrés,* Odile Jacob, 1998.

Giordan André, *Apprendre,* Belin, 2002.

George Gisèle, *Ces enfants malades du stress,* Anne Carrière, 2005.

Laborit Henri, *L'Esprit du grenier,* Grasset et Fasquelle, 1992.

La Garanderie Antoine de, *La Motivation,* Bayard, 1991.

Lieury Alain, *Mémoire et réussite scolaire,* Dunod, 1994/2004.

Oberto Varinia, Sotto Alain, *Dénouer l'échec scolaire,* Desclée de Brouwer, 2004.

Sotto Alain, *Que se passe-t-il dans la tête de votre enfant ?,* Ixelles éditions, 2011.

Rancière Jacques, *Le Maître ignorant,* Fayard, 1987.

Williams Linda, *Deux cerveaux pour apprendre,* Les Éditions d'organisation, 1986.

Table

PAPIER À BASE DE FIBRES CERTIFIÉES

Le Livre de Poche s'engage pour l'environnement en réduisant l'empreinte carbone de ses livres. Celle de cet exemplaire est de :
500 g éq. CO_2
Rendez-vous sur
www.livredepoche-durable.fr

Composition réalisée par PCA

Achevé d'imprimer en juillet 2016, en France sur Presse Offset par
Maury Imprimeur – 45330 Malesherbes
N° d'imprimeur : 210872
Dépôt légal 1re publication : août 2016
LIBRAIRIE GÉNÉRALE FRANÇAISE – 21, rue du Montparnasse – 75298 Paris Cedex 06

75/7766/9